不确定环境下供应链联盟成本分配与契约协调研究

马小勇　著

中国矿业大学出版社
·徐州·

内 容 提 要

供应链联盟成本分配机制是关系联盟运行效率与稳定最为关键的因素，本书以供应链合作联盟为研究对象，以成本分配机制与契约协调为研究视角，重整供应链联盟成本分配的概念与理论，分析供应链联盟中企业的运作策略及其稳定性，试图帮助企业解决在新型供应链联盟实践中所面临的问题，为供应链联盟的有效实施和推广应用提供理论上的支持，从而提高企业的供应链管理水平。

图书在版编目(CIP)数据

不确定环境下供应链联盟成本分配与契约协调研究 / 马小勇著. —徐州：中国矿业大学出版社，2022.11

ISBN 978 - 7 - 5646 - 5602 - 7

Ⅰ. ①不… Ⅱ. ①马… Ⅲ. ①供应链管理—研究 Ⅳ. ①F252.1

中国版本图书馆 CIP 数据核字(2022)第 211378 号

书　　名 不确定环境下供应链联盟成本分配与契约协调研究
著　　者 马小勇
责任编辑 齐　畅
出版发行 中国矿业大学出版社有限责任公司
（江苏省徐州市解放南路　邮编 221008）
营销热线 (0516)83885370　83884103
出版服务 (0516)83995789　83884920
网　　址 http://www.cumtp.com　**E-mail**:cumtpvip@cumtp.com
印　　刷 苏州市古得堡数码印刷有限公司
开　　本 787 mm×1092 mm　1/16　**印张** 9.5　**字数** 146 千字
版次印次 2022 年 11 月第 1 版　2022 年 11 月第 1 次印刷
定　　价 48.00 元

前　言

近年来,经济全球化和国际垂直分工已经深刻改变了世界制造业的生产格局和竞争基础,21世纪不再是企业与企业间的竞争,而是演变成合作联盟之间的竞争。供应链联盟成本分配机制是关系联盟运行效率与稳定最为关键的因素,相关研究多不够系统。供应链联盟存在库存共享、合作广告、联合采购、合作研发、联合定价等多种合作形式,其中以库存联盟最为典型。因此,本书以供应链库存合作联盟为研究对象,以供应链联盟成本分配机制为研究视角,重整供应链联盟成本分配的概念与理论,分析供应链联盟中企业的运作策略及其稳定性,试图帮助企业解决在新型供应链联盟实践中所面临的问题,为供应链联盟的有效实施和推广应用提供理论上的支持,从而提高企业的供应链管理水平。

本书综合应用理论分析、案例分析、博弈论与最优化理论等方法,从理论和实践相结合的角度,围绕研究主题,提出成本分配既是起点也是终点的理论,并通过理论演绎的方式对这两个方面加以详细论证。在此基础上,总结归纳出基于稳定性与激励性及其制衡的供应链联盟成本分配机制,从稳定性与激励性两个视角出发研究不同形式的供应链库存联盟,并采用实例和数值模拟对研究结论加以检验。

本书的主要内容及创新之处如下:

(1) 重整供应链联盟成本分配理论。本书提出一种广义的成本分配概念,将成本分配区分为事前的供给决策与事后的分配决策两种类型;引入成本分配公理体系，指出成本分配公理使分配规则的特征得以显性化，是判别成本分配规则优劣的重要依据；回顾一些常用的成本分配方法及其性质。

(2) 提出基于稳定性与激励性及其制衡的供应链联盟成本分配机制。一方面，从成本分配的分配决策出发，以合作博弈理论为基础，概括出供应链联盟成本分配的稳定性研究视角，指出静态稳定性与远视稳定性的内在含义及特征。另一方面，从成本分配的供给决策出发，以非合作博弈的机制设计理论为依据，总结出成本分配的激励性研究视角，指出激励性的内在含义及其特征。

(3) 分析供应链联盟成本分配的远视稳定性问题。现有的成本分配稳定性研究大多是静态的，即假定没有博弈者可以通过一步偏离均衡状态后而马上获益，尽管某个博弈者的一步偏离不能使他受益，但这却有可能引发其他博弈者做出一系列的行动，从而使得联盟的结构发生根本性变化，因此远视的稳定性分析将更加符合现实。本书采用合作博弈中的最大一致集与联盟形成均衡过程等一些新概念来分析成本分配的远视稳定性问题。

(4) 本书以成本分配规则为线索，探讨合作阶段的分配规则对联盟成员竞争阶段行为决策的影响，将合作与竞争的分析统一于库存合作联盟中。联盟企业间的关系是一种竞合关系，供应链联盟内企业之间在不同的阶段和活动中，竞争中有合作，合作中有竞争，二者不可分割。然而长期以来，国内外大多数研究者将竞争和合作这两个领域割裂开来研究，他们将竞争和合作看作孤立的、此消彼长的两个概念，没有真正地将二者有机地结合在一起，对企业间竞合关系定量的研究还不多见。因此，对其进行定量研究具有现实意义。

作　者

2022 年 8 月

目　录

1 绪　论

1.1 研究背景与意义

1.1.1 研究背景

近年来,经济全球化和国际垂直分工已经深刻改变了世界制造业的生产格局和竞争基础,21 世纪不再是企业与企业间的竞争,而是演变成合作联盟之间的竞争。[1]传统产品间的分工更多地转化为产品内的垂直分工,而且这种产品内垂直分工又将产品生产过程工序环节独立出来,分解到不同国家组织生产。① 产品生产过程所包含的研发设计、生产制造、营运销售等不同工序和环节被分解到不同国家的不同企业。供应链联盟的核心企业成为这种全新产品内垂直分工的“主要承担者”,它们首先对世界各地的生产资源进行整合,采用投资建厂或业务外包的形式,建立起世界范围的工厂或制造基地,形成庞大的全球生产网络;然后,利用外包形式进行有效分工,外包从形式到内容都得到极大丰富,尤其服务外包的发展更为迅猛;最后,核心

① 对于生产环节跨国界分布并通过垂直贸易链相互连接的现象,国内外学者使用产品内分工、国际垂直专业化、国际生产分割、国际生产分散化、全球生产分享、国际外包、价值链切片等不同术语加以描述,本书对此不做严格区分。

企业通过供应链联盟这一组织模式使产品内分工得到有效实现。因此，供应链联盟及其成本分配就成为当前理论与实务界十分关注的问题。实践中，正面案例如IBM、思科、沃尔玛和耐克等公司通过协议形成合作联盟而实现优势互补和获得共同收益；而反面案例如重庆市151家超市“零利润售肉联盟”，由于联盟协议的分配方案不合理而使得联盟不能稳定甚至无法获得共同收益。供应链联盟的成本分配[①]（或称收益分配，本书将统一使用成本分配一词）不仅需要关注联盟组织成本分配的稳定性，而且更要关注联盟组织成本分配的激励性，以保证联盟稳定高效运行[②]。

供应链联盟是本书研究成本分配的载体。供应链联盟是组成供应链的节点企业为规制各自的行为以契约形成相互合作的一种合作组织形式。供应链联盟具有动态性、网络性、开放性和需求导向性等特点，联盟特点决定了供应链联盟成员的行为基础。研究供应链联盟成员的行为基点，实际上是要研究每一个供应链联盟中的单个企业作为一个独立的行为主体问题。单个企业既是一般意义上的行为主体，又是供应链联盟的一个成员。当一个行为主体以一个组织的形式出现时，组织内部的次级组织联盟成员之间的行为就由非合作博弈转化为合作博弈或者协调博弈，联盟成员间的协作需要强调的是效率和公平。供应链联盟可以通过多种形式出现，如库存共享、合作广告、联合采购、合作研发、联合定价等。库存成本是供应链成本的重要组成部分，库存共享联盟作为对供应链性能影响最广、控制最难的关键问题，则是供应链管理研究的重要内容之一。有效的库存管理可以降低库存成本、提高供应链收益，并提升顾客服务水平。同时，库存管理也是实现价值链增值的重要环节，库存量的高低不仅影响着单一企业的综合成本，而且制约着整条供应链的绩效表现。因此，本书所研究的供应链联盟形式选

---

① 本书中出现了成本分配、供应链联盟成本分配和供应链库存联盟成本分配三个概念，这三个概念是同一个含义：成本分配是供应链联盟成本分配的缩写，而本书在研究供应链联盟成本分配具体应用时，选择了供应链库存联盟这种具体的研究对象。

② 供应链联盟成本分配不同于传统单个企业的成本分配。供应链联盟是一类企业间的多个企业合作形成的组织，它具有整体性与联盟成员独立性的特点，竞争与合作共存是供应链联盟最本质的特征。供应链联盟成本分配既要考虑稳定性，以保证联盟不瓦解；又要考虑成本分配的激励性，以提高供应链联盟的绩效。

择的是库存联盟，我们以库存联盟为供应链联盟成本分配的对象和背景，研究库存联盟中企业的运作策略，分析供应链联盟成本分配的稳定性与激励性的相互关系，用以揭示供应链联盟成本分配的内在规律。

成本分配问题是现代管理科学中的重要研究内容之一，也是多目标决策和群体决策理论所关注的重要课题。英国经济学家大卫·李嘉图对分配的重要性是这样论述的：确定支配这种分配的法则，乃是政治经济学的主要问题。从社会再生产的过程来看，分配既是生产过程的结果，又是新的生产过程得以继续进行的条件，在国民经济中占有非常重要的地位。从分配的角度来研究社会生产过程，实际上就是研究社会经济运行中资源配置的方式和方法，分析提高资源配置效率的具体途径。因此，可以说分配既是生产活动的终点，也是生产活动的起点。哈特曼和德罗尔(1996)在研究库存合作联盟时认为，成本分配是对联盟合作产生的剩余进行分配的过程与规则，同时强调指出分配规则应满足三个标准：分配规则的稳定性、公平性以及计算的简便性。[2]美国著名会计学家查尔斯·T.霍恩格伦认为，成本分配是指将费用按一定的规则归集分配到成本对象的过程，成本分配是供应链成本核算的核心基础。可见，成本分配既是供应链运行的结果，也是供应链得以持续有效运行的规则或保障；成本分配既是会计领域成本核算的一种具体技术方法，也是管理科学或经济学领域的收益分配的一种基本理论和原则。目前，供应链联盟成本分配研究比较混乱，散见于管理科学、经济学和会计学等多个领域，这些领域中对供应链联盟成本分配的概念、范围和分配规则等界定不一，且存在内在逻辑不一致的矛盾。本书试图提出一种广义的供应链联盟成本分配概念，以改变这种混乱局面，并将管理科学、经济学和会计学三个领域的供应链联盟成本分配加以统一。此外，目前国内外学者对供应链联盟成本分配的理解，拘泥于供应链联盟成本的事后分配，而忽视供应链联盟成本的事前分配问题。本书试图重新界定成本分配的概念及其范围，将供应链联盟成本分配类别进行有效划分，并对其分配规则进行分别研究。

综上所述，目前国内对于供应链联盟成本分配相关理论的研究相对滞后，从成本分配机制视角来研究供应链联盟运作的文献比较散乱，鲜有文献系统地从成本分配角度来研究供应链联盟运作问题。因此，本书以供应链库存合作联盟为研究对象，以联盟成本分配机制为研究视角，分析供应链联盟的稳定性及其优化运作策略，帮助企业解决在新型供应链联盟实践中所面临的问题，为供应链联盟的有效实施和推广应用提供理论上的支持，从而提高企业的供应链管理水平。

1.1.2 研究意义

伴随着经济全球化的不断发展，国际垂直分工模式对于世界产业格局和竞争环境的改变愈发深刻。供应链联盟之间的竞争逐渐取代单个企业之间的竞争，供应链联盟成本分配亦随之得到越来越多的关注。目前，供应链联盟成员企业之间由于成本分配不当而导致合作失败的例子屡见不鲜，供应链联盟的高效稳定运行问题日渐凸显。因此，以联盟成本分配机制为研究视角，分析供应链联盟的稳定性及其优化运作策略具有重要的理论与现实意义。

1.1.2.1 理论意义

(1) 拓展成本分配的概念与范围。本书梳理出一种广义的成本分配概念，提出将供应链联盟成本分配划分为事后的分配决策与事前的供给决策两种类型，扩展了供应链联盟成本分配研究范畴，改变了成本分配规则多样与混乱的局面，统一了会计、经济与管理等多个领域的成本分配理论。

(2) 提出稳定性与激励性的概念及其制衡机制。从成本分配的两种决策类型出发，提出供应链联盟成本分配的稳定性与激励性两个研究视角；以供应链库存合作联盟为具体研究对象，分析供应链联盟的运行机制，试图帮助企业解决在复杂供应链联盟实践中所面临的问题，为供应链联盟的有效实施和推广应用提供理论支持。

(3) 提出供应链联盟成本分配应具有动态稳定性特征。传统成本分配均假设没有参与者能够通过一步偏离而获益，且偏离之后的其他参与者的策略也不会随之改变，这是一种短视和静态的视角。然而，信息技术的发展使得供应链竞争环境瞬息万变，供应链联盟契约的稳定尤其需要成本分配的动态性考虑。本书采用博弈论方法，从管理理念、研究视角以及研究工具等方面构建供应链联盟成本分配的整体分析框架，发掘并证明隐含在供应链成本分配背后的动态稳定性内在逻辑，弥补了现有供应链联盟成本分配只考虑静态稳定的不足。

1.1.2.2 实践意义

（1）构建供应链联盟的竞合博弈模型，将合作博弈与非合作博弈同时应用到供应链联盟成本分配理论中，可以有效解决供应链联盟实际成本分配的复杂性问题。随着信息技术的快速发展和商业环境的不断变化，供应链联盟也处在动态变化中，联盟之间往往既有竞争又有合作，研究联盟之间的竞合模型对于指导供应链联盟成员的决策具有现实意义。

（2）为我国供应链联盟企业成员的分配方法选择提供理论支持。实践中，各种不同的供应链联盟已经取得了一些成绩，但同时也存在很多问题。其中，联盟成员的成本分担机制是困扰联盟发展的主要因素之一。因此，研究供应链联盟成本分担机制可以为联盟成员的决策提供相应的建议与支持。

（3）为管理者促进供应链联盟动态稳定提供方法建议。本书研究发现，组织间的管理控制能够有效提升联盟的动态稳定性，这为供应链中核心企业的管理者对于联盟中各个成员企业进行管理控制提供了依据。

1.2 概念界定与辨析

为了更好地研究供应链联盟成本分配理论与方法问题，有必要对本书涉及的一些主要概念进行界定。

1.2.1 供应链联盟

供应链与供应链联盟是两个内涵近似的概念，有的学者甚至将供应链与供应链联盟混淆使用。笔者认为供应链与供应链联盟的概念还是有区别的。

供应链是指通过对信息流、物流、资金流的控制，从采购原材料开始，制成中间产品以及最终产品，最终由销售网络把产品送到消费者手中，并将供应商、制造商、销售商、最终用户连成一个整体的功能网链结构模式。它不仅是一条连接供应商到用户的物料链、信息链、资金链，而且是一条增值链，物料在供应链上因加工、包装、运输等过程而使价值增加，给相关企业带来收益。在目前全球垂直分工趋势下，任何企业都必须存在于一条或多条供应链中，并在这个过程中发挥着一定的功能，即供应与被供应，以维持整个链条的生态性。

供应链联盟是指在竞争、合作的市场环境下，由供应链上一些相互独立的实体，以信息共享为基础，为实现某一共同目标而组成的联盟。每个伙伴企业在各自的优势领域，如设计、制造、分销等，都为联盟贡献自己的核心能力，相互联合起来实现优势互补、风险共担和利益共享。供应链联盟打破了现存的价值链结构，实现了产品、客户、技术等资源的重新组合和优化，体现了一种基于企业核心能力的战略资源整合思路。目前，随着信息技术的快速发展，供应链中的成员如供应商、制造商、分销商、零售商、客户、物流服务商等纷纷寻求合作伙伴，并为实现某一共同的目标而组成联盟。供应链联盟中的每个伙伴成员都有各自的专业分工，分别在自己的核心优势领域为联盟贡献自己的力量，使联盟整体实现优势互补、风险共担和利益共享。

比较二者的概念可以发现，供应链与供应链联盟两个概念是有区别的。供应链是一种企业之间的实际关系状态；供应链联盟则是经过抽象和概括的，优化供应链成本、提高供应链效率的一种供应链管理模式。如果说供应链是内容，那么供应链联盟可以看作组成供应链的节点企业为规制各自的行为所采取的一种组织优化形式。

本书研究的成本分配理论与方法是以供应链联盟为载体的，如果放入现实环境中实施则应以具体的供应链为背景。

1.2.2 供应链契约

供应链契约是指通过提供合适的信息和激励措施，保证买卖双方协调，优化销售渠道绩效的有关条款。即使供应链达不到最好的协调，也可能存在帕累托最优解，以保证每一方的利益至少不比原来差。帕斯特纳克最早提出了供应链契约的概念，给出了易腐败商品的最优批发价格和退货政策。供应链契约设计主要是解决影响供应链整体效率的两个问题：供应链成员追求自身利益最大化所导致的双边际效应以及信息不对称造成的牛鞭效应。常见的供应链契约包括退货契约、数量折扣契约、数量弹性契约、利润共享契约、收益共享契约和价格补贴契约等。

供应链契约是供应链联盟成员关系的纽带，良好的契约设计将促使供应链联盟成员选择与集中目标一致的决策方案，使成员间的非合作博弈行为转化为合作博弈行为。可以认为，供应链成员之间只要签订了具有约束力的协议，他们就形成了联盟。

本书分析了供应链联盟成本分配与供应链契约设计的区分与关联，指出成本分配是供应链契约设计的一种具体方法和手段，恰当的成本分配方法可以设计供应链契约，从而提升供应链联盟的运作效率。

1.2.3 成本分配与收益分配

成本分配的概念散见于管理科学、经济学、会计学领域中，我们把它整合定义为：一组局中人共同参与某个项目，需要对合作产生的费用（收益）在参与者之间进行分配。上述分配问题可以概括成共摊成本或共享效益的分配问题。一般来说，所有分配问题均可归结到成本分配和收益分配中。在不考虑个体偏好的前提下，成本分配和收益分配是严格等价的。

本书将统一采用成本分配一词。在具体模型的研究中，可能会涉及收益分配的相关问题，由于收益分配与成本分配是等价的，其并不影响我们对成本分配规律的研究。

1.2.4 竞合博弈

竞合，是由布兰登勃格和内勒巴夫于 1996 年在他们所进行的一项专题研究中首次提出来的概念。他们认为，竞合关系反映了一种基本的关系二元性，价值创造必然是一个合作过程，而获取价值必然是一个竞争过程，即企业之间在开拓或占领市场时通常会相互合作，而在分配市场份额或收益时则会相互竞争。[3]本特松和科克（2000）研究了竞合的互动和演化过程，结果表明，企业间关系是随着时间的推移而不断演化的，有可能在这个时点上的关系以竞争为主，在下一个时点上达到竞合平衡，而在之后的时点上又以合作为主。[4]帕杜拉和达格尼诺（2007）认为，竞合观念来源于这样一种共识：在企业间的相互依存关系中，价值创造过程及价值分享过程都会涉及一个部分一致的利益结构。在这个结构中，竞争和合作问题同时存在，并且紧密联系在一起，这就是所谓的竞合。[5]竞合理论的核心逻辑是共赢性，管理者要从传统的企业间非赢即输、针锋相对的关系，转变为更具合作性、共谋更大利益的战略合作伙伴关系。

目前，对于竞合仍无公认的概念，但从以上学者对竞合概念的表述上看，学者们已经就竞合的基本内涵达成共识。本书将其定义为，竞合是指两个或两个以上企业之间在一些活动中进行合作，同时又在另一些活动中展开竞争的企业间关系。竞争与合作是一个矛盾的统一体，合作并不否认竞争，企业既可以在竞争中寻求合作的机会，也可以通过合作更好地展开竞争，而在合作的过程中又会产生新的竞争关系。布兰登勃格和斯图尔特（2007）发展的竞合博弈形式，由非合作和合作博弈两阶段组成，强调用核的概念定义竞合博弈的解。[6]

本书构建了零售商库存联盟的竞合博弈，试图寻找同时满足成本分配稳定性与激励性的分配方法。

1.2.5 稳定性与激励性

稳定性的概念来自合作博弈论，激励性的概念则来自机制设计理论——非合作博弈论的一个分支。合作博弈论中的稳定性与非合作博弈论中的纳什均衡相对应。纳什均衡是指没有个人可以单独背离并让自身的境况更好。成本分配的稳定性是指，某个联盟的成员如果可以利用自己的资源让自身的境况更好，那么就可以说这个联盟能够改进回报向量。一般来说，一个分配如果不能被任何联盟改进，那么它就是稳定的分配。

20世纪60年代，里奥尼德·赫维茨最早提出了机制设计理论，并将其定义为：对于任意给定的一个目标，在自由选择、自愿交换的分散化决策条件下，能否并且怎样设计一个合理机制（制度或规则），以使经济活动参与者的个人利益和设计者既定的目标一致。概括地说，机制设计就是设计一个合理的机制，激励联盟参与者实现既定目标。根据机制设计的含义，成本分配的激励性可以定义为：在自由选择、自愿交换的分散化决策条件下，能否并且怎样设计一个合理的成本分配规则，以激励联盟成员选择实现联盟组织目标的行动方案。

本书中的稳定性与激励性是指成本分配的稳定性与激励性，我们将稳定性与激励性作为研究成本分配的视角，试图论证供应链联盟成本分配机制存在“稳定性”与“激励性”。

1.2.6　库存合作联盟

库存合作联盟是供应链联盟的重要形式之一。库存合作联盟又称为库存共享、库存集中化，是指参与者之间关于库存管理达成了具有约束力的协议。库存合作联盟的目标是解决供应链系统中由于各企业相互独立运作库存模式所导致的需求放大现象，以提高供应链的效率。联盟参与者将受益于库存共享，在保持一定顾客服务水平的前提下，降低库存成本，降低风险。按照联盟参与者的不同，库存合作联盟可以分为横向的零售商库存合作联盟，纵向的供应商与零售商库存合作联盟，以及混合联盟等形式。按照库存合作联盟所处的市场需求环境不同，库存合作联盟可以分为确定需求下的库存合作联盟与不确定需求下的库存合作联盟等形式。

库存合作联盟产生于多级供应链库存控制问题，供应商管理库存（VMI）与联合管理库存（JMI）等管理模式是目前发展较为成熟的库存合作联盟形式。在传统供应链中，供应链成员往往各自为政，只单纯追求自身利益的最大化，从而引起牛鞭效应，最终导致供应链总库存相关成本大幅上升，供应链总绩效水平下降。20世纪60年代，美国麻省理工学院提出的啤酒游戏就是这种现象的一大明证。供应商管理库存与联合管理库存等新兴的库存管理模式克服了传统库存管理的弊端，是一种可以使库存管理得到持续改进的管理方法。供应商管理库存与联合管理库存管理模式的实质是供应链成员间签订具有约束力的协议，形成库存合作联盟。除此之外，随着经济全球化的发展、信息技术的普及，供应链成员间的联合订货、联合存储库存、库存转运等新的库存联盟形式在实践中已广泛应用。

本书研究的库存联盟是供应链联盟的一个重要类别，主要是供应链联盟成员在库存管理方面形成的联盟。

1.3 研究思路与方法

1.3.1 研究思路

（1）通过对国内外成本分配相关研究成果的回顾，发现成本分配的理论缺陷。目前，成本分配的成果散见于经济学的收入分配、管理科学与工程的收益分配、会计学的成本核算等领域，由于各学术领域视角和关注点不同，其分配方法与原则存在着逻辑上的深层次矛盾，需要选择和梳理出适合本书研究的内在逻辑一致的成本分配的概念和范畴。

（2）梳理成本分配的概念与范畴，理顺经济学、管理科学、会计学领域成本分配概念内在逻辑的不一致性。本书提出一种广义的成本分配概念，将成本分配区分为事前的供给决策与事后的分配决策两种类型，统一了多个领域的成本分配概念；引入成本分配公理体系，指出成本分配公理是检验和优选成本分配规则的重要依据。

（3）提出基于稳定性与激励性及其制衡的供应链联盟成本分配机制。从成本分配的分配决策出发，提出成本分配稳定性的研究视角，指出稳定分配的内涵；从成本分配的供给决策出发，提出成本分配的激励性，指出激励性的内涵。

(4) 供应链联盟成本分配的稳定性研究。以零售商横向库存合作联盟为研究对象,零售商可以通过协调订单、重新分配可利用的库存来提高利润。首先证明集中决策时存在最优的订货决策与库存分配决策,从而指出联盟最大化的收益是可以产生的;然后重点分析是否存在稳定的分配方案,保证大联盟的稳定。

(5) 供应链联盟成本分配的激励性研究。以利润分配机制为逻辑起点,研究与设计分散决策下双渠道库存转运协调机制。通过构建双渠道库存转运模型,分析集中决策与分散决策情形下的订货决策与利润,并通过对集中决策的利润合理分配来协调双渠道供应链,证明事后的利润分配方法可以决定事前的转运价格,从而使分散决策的双渠道供应链达到集中决策时的订货量与利润水平,实现供应链协调。

(6) 供应链联盟成本分配稳定性与激励性制衡的研究。构建零售商库存转运的两阶段竞合博弈模型:第一阶段为订货决策,是竞争性的;第二阶段为转运决策,是合作性的,即零售商联盟做出转运方案,并分配由此产生的利润。要保证联盟实施最优的订货决策,必须要考虑成本分配的激励性;要保证所有零售商在第二阶段都参与转运方案,需要稳定性的分配方案。

(7) 供应链联盟成本分配的动态稳定性研究。在零售商库存转运的两阶段竞合博弈模型的基础上,应加入一个零售商可以决定转运数量的中间阶段。我们指出,夏普利值分配规则可以满足激励性之后,重点分析夏普利值的远视稳定性。研究结果显示,虽然从近视的观点来看,大联盟的夏普利值分配可能是不稳定的,但却是远视稳定的,从而指出夏普利值是一种理想的分配规则。

本书的研究技术路线如图 1-1 所示。

1.3.2 研究方法

本书以理论研究和建模研究为基础,采用定性分析方法与定量分析方法,根据研究问题需要运用博弈论、最优化等数学方法进行研究。

(1) 文献研究与理论分析方法。本书在撰写过程中查阅了大量的文献

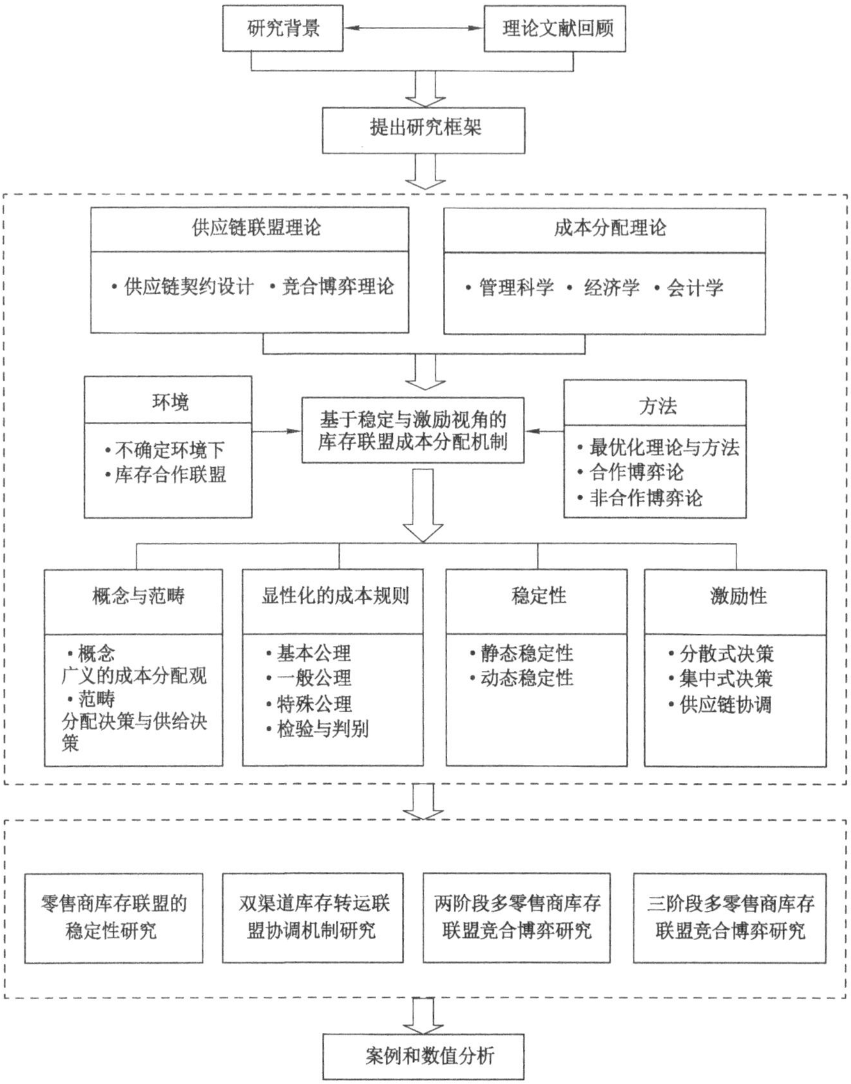

图 1-1　本书的研究技术路线

资料，主要包括供应链联盟理论、成本分配理论和博弈论相关的中外专著、博士论文和学术期刊文献，对供应链联盟成本分配的研究现状、成果和发展趋势有了一定认识，从而构建供应链库存联盟成本分配的研究框架。

(2) 博弈研究方法。在对问题运行机理进行定性分析的基础上，采用非合作博弈与合作博弈的相关理论和方法，构建不确定环境下供应链库存合作联盟模型，论证供应链联盟成本分配的本质、规律和制衡机制。

(3) 案例与数值模拟分析。为了验证理论分析结果的正确性，在模型构建求解的基础上，运用实例和数值分析对问题进行深入总结和计算模拟，验证所研究问题的结论与规律，从而增强数学模型的可理解性。

1.4 可能的创新与局限

1.4.1 本书可能的创新之处

(1) 重整供应链联盟成本分配理论。本书提出一种广义的成本分配概念，将成本分配区分为事前的供给决策与事后的分配决策两种类型；引入成本分配公理体系，指出成本分配公理是判别成本分配规则优劣的重要依据；以成本分配稳定与激励制衡为视角，提出定量分析供应链联盟运行机制。

(2) 提出基于稳定性与激励性及其制衡的供应链联盟成本分配机制。一方面，从成本分配的分配决策出发，以合作博弈论为基础，以供应链联盟成本分配的稳定性为研究视角，指出静态稳定性与远视稳定性的内在含义及特征。另一方面，从成本分配的供给决策出发，以非合作博弈的机制设计理论为依据，以成本分配的激励性为研究视角，指出激励性的内在含义及其特征。

(3) 分析供应链联盟成本分配的远视稳定性问题。现有的成本分配稳定性研究多是静态的，即假定没有博弈者可以通过一步偏离均衡状态后而马上获益，尽管某个博弈者的一步偏离不能使他受益，但这却有可能引发其他博弈者产生一系列的行动，从而使得联盟的结构发生根本性变化，因此远视的稳定性分析将更加符合现实。采用合作博弈中的最大一致集(LCS)与联盟形成均衡过程(EPCF)等一些新概念来分析成本分配的远视稳定性问题。

1.4.2 本书的不足之处

(1) 本书的研究均假定在博弈者能够方便地交流信息并按照各自的意愿单独或共同加入或退出各种联盟,即博弈各方处于信息完全对称的基础上。但是,正如非合作博弈中信息不对称会带来不同的均衡一样,信息不对称情况下的联盟稳定性研究可能会有完全不同的结论。

(2) 本书虽然已对不确定需求下的混合联盟成本分配的远视稳定性进行了研究,但是当联盟成员进一步扩大时,考虑更加复杂的联盟形式及其不同的成本分配方案对联盟的远视稳定性影响可能更具实际意义。

1.5 本书的结构安排

本书在总结成本分配理论与供应链库存联盟相关理论研究的基础上,综合运用运筹学、合作博弈论、非合作博弈论的研究方法,对不确定环境下供应链库存联盟成本分配问题进行了理论分析与定量建模研究。全书共分 9 章(如图 1-2 所示),主要内容如下:

第 1 章,介绍本书的研究背景,明确研究的目的和意义,对研究的主要工作进行简要介绍,列出全书的整体结构,并对主要创新之处进行阐述。

第 2 章,对与本书研究相关的内容进行系统性的总结和综述,包括:供应链联盟相关文献,不确定环境下供应链库存联盟的研究文献,成本分配的相关文献。

第 3 章,重整成本分配理论。提出广义的成本分配概念,将成本分配区分为分配决策与供给决策两种类型,引入成本分配公理体系及稳定性与激励性制衡的成本分配机制,阐述一些重要的成本分配方法。

第 4 章,以成本分配的分配决策与供给决策为依据,结合供应链库存联盟成员的行为特点,提出基于稳定性与激励性及其制衡的供应链库存联盟成本分配机制。这是本书的理论核心,也是本书第 5 章至第 8 章写作的

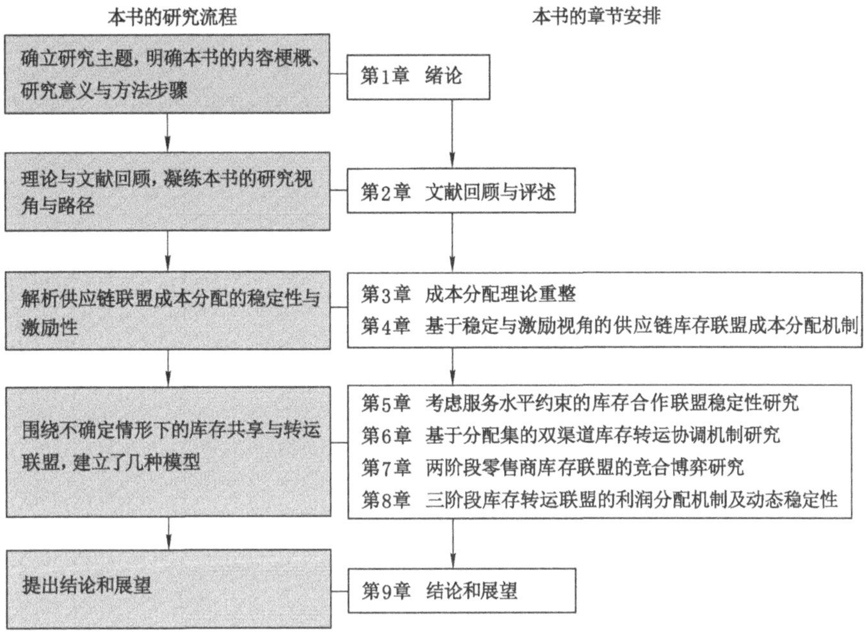

图 1-2 本书的篇章结构

基础。

第 5 章，研究供应链联盟成本分配的稳定性。构建集中决策时的零售商库存合作联盟，证明其相关合作博弈的核心非空，也就是至少存在一种分配方案保证零售商库存合作大联盟是稳定的。

第 6 章，研究供应链联盟成本分配的激励性。构建分散决策下双渠道供应商与零售商两者参与的库存转运模型，证明分配集的利润分配方法可以协调供应链，使分散决策的供应链达到集中决策的利润水平。

第 7 章，研究供应链联盟成本分配稳定性与激励性的制衡。构建两阶段多零售商库存转运竞合博弈模型，提出满足稳定性的对偶分配方法，并在此基础上构建一种同时满足激励性的利润分配方法，即既能保证合作阶段联盟的稳定，又可以激励联盟成员采取与供应链集中决策一致的行动方案，达到供应链协调。

第 8 章，研究供应链联盟成本分配的远视稳定性。建立三阶段多零售商库存转运联盟，重点研究夏普利值分配规则的性质及其动态稳定性问题。

第 9 章，研究结论和展望。系统梳理全书的主要成果，提出进一步研究的方向。

2　文献回顾与评述

2.1　供应链联盟相关文献评述

目前，对供应链联盟的研究主要集中在供应链联盟的概念及成因、供应链联盟成员的评价与选择以及供应链联盟成员的利益分配与契约设计等几个方面。本节将对前面两个方面进行综述，供应链联盟内成员收益分配及契约设计安排在本章第 3 节中评述。

2.1.1　供应链联盟理论的研究概况

20 世纪 90 年代以来，随着信息技术的快速发展，供应链管理理论不断更新，供应链联盟的管理形式引起理论界和实务界的广泛关注。供应链联盟概念的提出经历了较长的过程。[7-11]鲍威尔（1990）提出了中间组织的概念，冯·赛多（1992）提出了组织网络的概念，麦克沃尔和麦克休（2000）提出了组织间伙伴关系的概念。佩里等（1999）在其文章中采用了供应链联盟的概念。马蒂亚斯·霍尔韦格等（2005）采用了供应链协同的概念，这是目前采用较多的概念。上述提法虽然在名称上有所不同，但它们描述的都是供应链企业之间的战略伙伴关系，强调利益共享和风险共担，因而具有相同的本质。与上述概念相比，供应链联盟的概念更具现实性与发展性。本书主要研究成本分配问题，因此采用了供应链联盟的概念。

在国内，马士华等(2000)提出了企业集成模式，说明企业在宏观、中观和微观上都存在相互作用的集成，而供应链集成的最高层次是企业间的战略协作问题，当企业以动态联盟的形式加入供应链时，即形成了一种合作对策的关系，本书所研究的正是基于此层次的理论分析。[12]张永强(2001)从供应链联盟的产生、发展和演变的现实背景分析了西方国家供应链联盟演变历程及其对中国的启示。[13]马祖军和武振业(2002)、卢洁(2004)等分别对我国供应链联盟的现状、问题和发展对策等做了论述，认为供应链联盟是21世纪企业合作的主流。[14-15]

2.1.2 供应链联盟成因研究评述

对于供应链联盟形成的过程和原因，不同的理论从不同的角度进行了阐述。拉马塞尚(1998)认为，企业通过与其他企业建立非竞争性的伙伴关系可以克服自身资源能力的有限性，共同实现合作双方的目标，这样的合作正是供应链联盟的特点。[16]在交易成本理论中，迈克尔·迪特里希(1999)发展了威廉松的理论，他在交易成本的分析基础上引入了管理效益，对"半结合"状态的组织形式进行了分析。[17]他认为，当市场管理效益大于公司交易成本、小于市场交易成本，且高于公司管理效益时，半结合必定发生。基于资源的观点认为，联盟是公司间资源整合的结果，是一种战略资源需求和社会资源机会驱动的结果，是公司寻求比其他资源联合更好地实现资源价值的优化资源边界的尝试，建立组织间关系的过程可以作为组织间资源流来加以研究。

2.1.3 供应链联盟成员的评价及其选择

在对供应链联盟内合作伙伴的选择上，李维斯等(1995)提出运用标杆分析法对供应链的绩效进行评价。[18]纳拉亚南和贾亚拉曼(1997)提出的基于专家系统的合作伙伴选择方法，通过建立基于知识的决策支持系统来决定影响合作伙伴能力的因素，并分析这些因素在变化时对企业总体性能的影响。[19]阿里萨玛迪等(1998)提出了一种共享型计算机集成制造系统的伙伴选择方法——三阶段选择模型,确定了伙伴选择的评价体系。[20]

我国学者赵昌平与葛卫华(2003)研究了联盟中的机会主义问题,并提出了防御的策略。[21]邱灿华与周文泳(2003)分析了供应链联盟形成的影响因素,提出了供应链中企业的联盟能力的概念,发展了单纯的供应链成员伙伴关系的选择,将选择联盟需考虑的要素分为联盟伙伴资格要素和联盟伙伴赢得要素,同时对形成的供应链联盟如何发展,提出了供应链联盟的合作要素。[22]桂良军(2004)提出了一种新的供应链合作伙伴选择方法——灰色关联分析法。[23]

2.2 不确定环境下供应链库存联盟文献评述

随着科技的进步以及经济全球化的发展,产品的生命周期变得越来越短,特别是时装、电子、电器和软件等行业的产品,更新速度加快,市场需求不确定性日益加剧。而产品沿着供应链节点移动,更扩大了市场需求不确定的影响,产生了牛鞭效应。为了弥补这个缺陷,供应链成员通过信息共享、生产-库存协调等方法,对供应链进行管理。对于单公司的库存控制问题,随机需求下库存决策的核心是对库存积压风险与缺货风险的权衡,报童模型一直以来都是描述此类决策问题的经典模型。而对于多级供应链库存控制问题,人们把重点放在了库存协调策略的研究上。虽然可以通过对整个供应链的集中控制来协调供应链库存,但这需要苛刻的条件(完全信息、集中决策、自由物流等),实际上,多级供应链经常运行在一种分散的模式下。对于分散决策的供应链,库存协调的有效方法是设计某种激励机制,使双方都能从中获益,这种激励机制对应于供应链契约。

供应链契约是供应链联盟成员关系的纽带,而成本分配机制则是供应链契约的核心内容。恰当的成本分配机制与契约设计将促使供应链联盟成员选择与联盟组织目标一致的行动方案,使成员间的非合作博弈行为转化为合作博弈行为。可以认为，供应链成员之间只要签订了具有约束力的协议，他们之间就形成了联盟。目前，不确定环境下供应链契约的研究文献已非常丰富，本节主要介绍供应链契约的概念及其主要种类。

2.2.1 供应链契约概述

供应链契约是指通过提供合适的信息和激励措施，保证买卖双方协调、优化销售渠道绩效的有关条款。即使供应链达不到最好的协调，也可能存在帕累托最优解，以保证每一方的利益至少不比原来差。供应链契约设计主要是解决影响供应链整体效率的两个问题：供应链成员追求自身利益最大化所导致的双边际效应及信息不对称造成的牛鞭效应。常见的供应链契约包括批发价格契约、回购契约、数量柔性契约、销售回扣契约和收益共享契约等。

契约主要用于经济领域和法律领域。供应链契约是经济学契约理论在供应链中的一种表现形式，其研究主要源于多阶段库存理论。福特·哈里斯(1915)首次提出库存的概念。[24]克拉克等(1960)将库存的概念扩展到了多阶段库存的情况，并通过动态规划方法建立了独立同需求分布单一产品的最优订购量和交易策略，同时将其延伸到了下游零售商，这可以看作供应链契约研究的雏形。[25]此后，以克拉克等的库存模型为核心，多阶段库存问题得到了大量深入的研究。多阶段库存研究的核心问题是通过对库存时间和库存数量的优化来使供应链成员的利益同时最大，但是供应链成员往往以自身利益最大为目标，从而无法实现整体的最优。于是，研究者们开始把目光转向了整个供应和销售系统的协调，希望通过对供应商和零售商之间的交易进行安排和约定，使个体及整体同时达到最优，以实现协调。这些安排和约定主要包括决策权力的分配、库存数量和成本的优化、定价策略、信息共享，以及供应商和零售商之间的协调等问题。由于供应商和零售商之间的合作主要是通过契约安排来实现，因此研究者们开始将法律和经济学中的契约理论运用到供应链中，以期通过相应的契约条款实现上述安排和约定。帕斯特纳克(1985)最早提出了供应链契约的概念，给出了易腐败商品的最优批发价格和退货政策。[26]卡琼(2003)对已有的供应链契约进行了综述,归纳并建立了常见的几种供应链契约基本模型,包括批发价格契约、回购契约、数量柔性契约、销售回扣契约和收益共享契约。[27]之后,学者们针对供应链契约开展了大量的研究,供应链契约在理论上取得了长足的发展。

2.2.2 批发价格契约研究评述

不同于报童问题只专注于研究零售商的采购策略,批发价格契约同时关注供应商和零售商两者的决策。零售商根据市场需求和批发价格决定订购量,而供应商决定批发价格。一般来说,简单的批发价格契约无法实现供应链协调。斯宾格勒在1950年最先发现该问题,她认为造成这一现象的主要原因是供应商和零售商均以各自的边际效益为目标,而不考虑供应链的整体边际效益,从而产生双重边际效益,导致供应链协调失败。[28]但是,即便如此,批发价格契约还是因其简单和实施成本低而在实践中得到了广泛的运用。对于双重边际化,马弗尔等(1995)、陈等(2001)进行了较为详细的分析。[29-30]阿努宾迪和巴索克(1999)研究了两个零售商和一个供应商构成的供应链系统,分析了分散决策和集中决策下制造商批发价格的确定问题,并发现批发价格和市场搜寻度相关。[31]董等(2004)将批发价格契约运用到多零售商可以库存转运的供应链系统,发现供应商可以通过零售商之间库存转运的方式获益,而零售商的收益情况则可能变得更差。[32]塞弗特等(2006)以惠普公司为对象研究如何进行双渠道供应链协调的问题,并针对传统渠道存在存货的情形,设计了批发价格与存货补偿策略的组合契约协调机制。[33]

2.2.3 回购契约研究评述

回购契约是指供应商对零售商没有卖掉的产品以低于批发价的价格进行回购。这样做的目的是给零售商一定的保护,引导零售商增大采购量,使供应商和零售商共同承担由于需求不确定性而产生的风险,以平衡供应商和零售商的边际收益和边际成本,从而协调供应链。

帕德马纳班等(1995)对回购契约协作的动因进行了分析,发现供应商采用回购契约的动机可能是品牌保护和维持产品形象。[34]帕德马纳班等(1997)研究了供应商为了控制零售商之间的过度竞争而采用回购策略的情况,发现供应商的收益因此而得到增加。[35]曼特拉和拉曼(1999)将回购契约的研究扩展到一个供应商和一个拥有多个批发店的销售商的情形。[36]泰勒(2001)比较了退货策略和回购契约在应用上的差别,并通过研究发现没有实物返回的价格补偿政策更适用于退货成本较高的供应链系统。[37]博伊亚克(2005)通过研究,设计了在纳什博弈情形下,回购与奖惩的组合契约机制,并使得双渠道供应链达到协调。[38]徐最等(2008)研究发现,回购契约通过限制回购产品的数量实现了供应链协调。[39]

2.2.4 收益共享契约研究评述

收益共享契约是指供应商在销售期初给零售商一个较低的批发价格,并在销售期末从零售商处获得一部分销售收益的协议。

收益共享契约最早在影碟租赁业得到广泛的应用,德纳等(2001)对此进行了详细的研究,发现收益共享契约可以缓解下游零售商之间的价格竞争,并且可以减少供应商和零售商之间的冲突。[40]此后,学者们将收益共享契约理论的研究进一步深化,并广泛地应用于实践中。伊拉里亚等(2004)将收益共享契约应用到由制造商、分销商和零售商组成的三级供应链系统中,通过设定适当的契约参数,以提高供应链整体及其成员的收益。[41]格查克和王(2004)对比研究了批发价格契约和收益共享契约,发现适当的契约参数下收益共享契约比批发价格契约更为有效。[42]卡琼和拉里维尔(2005)提出了收益共享契约的一般性框架,对其适用范围和性能进行了深入的讨论,并证明了收益共享契约机制与传统协调契约相比能够取得更好的效果。[43]金恩等(2007)在零售商为对策博弈主方情形下,建立逆向收益共享契约与转移支付的组合契约,实现了双渠道供应链的协调。[44]莫蒂默(2008)通过实证研究发现,收益共享契约在影碟租赁业中的应用将提高供应链整体的利润。[45]姚等(2008)针对由一个供应商和两个竞争性零售商组成的供应链系统进行研究发现,利用收益共享契约能使之达到协调。[46]林和洪(2009)

通过研究发现，收益共享机制可以用来协调由一个供应商和一个零售商组成的两阶段报童问题，并分别研究了零售商拥有一次订购机会和两次订购机会的不同情形。[47]

2.2.5 数量弹性契约研究评述

数量弹性契约是指零售商在销售季节前预订部分产品，供应商据此组织生产，零售商获得确定的市场需求之后，可以在供应商所能提供的产品数量范围内确定其最终购买量。数量弹性契约在电子产业尤其是计算机产业中得到广泛运用，如太阳微系统、日本奥的斯、IBM、惠普、康柏等公司均采用了数量弹性契约，其灵活性表现在订货量的可变性上。

泰沙(1999)把单周期模型扩展到多周期销售情况中，建立了多周期数量弹性契约模型。[48]乔普拉和迈因德尔(2001)认为，如果退货成本较高，则数量弹性契约可能比退货政策更为有效。[49]西尼奥雷利和赫斯克特(1984)在哈佛商学院案例中用贝内托公司作为典型案例，来说明对销售商实施数量弹性契约不但可以增加销售商的利润，而且可以增加供应商的利润。[50]拉里维埃(1999)建立了单周期数量弹性契约模型。[51]泰沙和洛夫乔伊(1999)等则将数量弹性契约扩展到多需求阶段、多库存地点、延迟交货和需求更新的情况，并发现单阶段中因随机需求而导致的期望收益减少在多阶段供应链中可以得到一定的改善。[52]普莱姆贝克和泰勒(2002)等将数量弹性契约结构扩展到多零售商的情况，发现通过契约协调零售商之间的订货量，可以提高供应链的绩效。[53]

2.3 成本分配相关文献评述

成本分配的应用领域较为广泛，在工程、环保、运输、供应链管理等方面得到了深入的应用与研究。本节将分五个部分来回顾成本分配在供应链联盟中的应用与研究。

2.3.1 成本分配的单值解研究评述

成本分配的单值解主要包括经验主义的一次分摊法、二次分摊法，以及合作博弈论的夏普利值法、核仁分配方法与纳什协商方法等。格查克和古普塔(1991)及罗宾逊(1993)把库存问题模型化为合作博弈问题，比较了夏普利值分配规则与其他单值解分配规则。[54-55]哈特曼和德罗尔(1996)描述了 n 个零售商库存集中化模型，强调分配准则的三个标准，即：联盟的稳定性、公平性以及计算的简单性。[2]在比较几种单值分配法之后，结论是只有夏普利值法与核仁分配方法能够满足稳定性与公平性准则，但是计算复杂度是 2^n。拉古纳坦(2003)研究了单制造商与多零售商需求信息共享的价值，其中终端需求信息可以是相关的。信息共享的收益通过夏普利值法进行分配。研究结论是，高的需求相关性增加了制造商的分配，而减少了零售商的分配。另外，随着零售商终端需求关联性的增加，边际信息共享的价值在降低，因此制造商意图去限制高度相关性的零售商加入联盟。[56]莱因哈特和达达(2005)假定多家公司合作共享它们的关键性资源，合作的收益通过夏普利值法进行分配，随着联盟成员增多，夏普利值变得难以计算，因此作者针对特定类型的博弈(对称性联盟)，提出了一种伪多项式时间算法。[57]凯马里奥格(2004)分析了单制造商与多零售商面临独立随机需求时的供应链联盟。制造商可以给各个零售商保存库存，也可以在零售商之间共享库存。在给零售商之间共享库存的情形下，总利润根据夏普利值法进行分配。研究结论是，夏普利值法可以协调供应链并且保证个体理性。[58]冷和帕拉尔(2009)研究了单供应商、制造商以及零售商组成的三级供应链。研究发现，供应链成员可以共享需求信息以实现成本节约。他们还比较研究了夏普利值法与核仁分配方法。[59]弗里斯克等(2010)构建了木材联合运输合作博弈模型，在指出夏普利值法、核仁分配方法以及二次分摊法等的不足之处后，提出了成本分配方法(EPM)。[60]洛扎诺等(2013)研究了多种交通工具的运输联盟成本分配问题，综合应用夏普利值法、最小核心法以及 τ 值法做了比较分析。[61]

我国学者叶飞(2003)从协商的角度提出了基于不对称纳什协商模型的虚拟企业利益分配方法,从合作伙伴满意度水平的角度提出了基于满意度水平的虚拟企业利益分配协商模型,在传统的群体重心模型的基础上,建立了虚拟企业利益分配的群体加权重心模型。[62]刘智全等(2006)提出了用多人合作博弈论中的夏普利值法和核仁分配方法来解决利益公平分配的难题。[63]戴建华等(2004)介绍了用于解决多人合作对策问题的夏普利值法,且将之应用于动态联盟伙伴企业的利益分配中,分析了用夏普利值法进行动态联盟利益分配的成功与不足,并针对其不足提出了一种基于风险因子的修正算法。[64]

2.3.2 成本分配的核心解研究评述

核心解是成本分配中非常重要的概念。如果一个合作联盟的核心解非空,则至少存在一种分配方案保证大联盟是稳定的。在这里,我们主要评述确定性需求与随机性需求情形下库存合作联盟中核心解的应用与研究。

对于确定性需求下库存合作联盟的成本分配问题,我们首先评述所有零售商成员共同合作,联盟的特征函数可以用公式明确表达的合作博弈模型。麦加等(2004)研究了多个零售商联合使用经济订购批量(EOQ)订购同一产品,结论是可以节约库存成本。根据每个零售商的信息披露情况不同,作者分析了两种类型的库存合作博弈:库存订购成本博弈与持有成本博弈,对每种博弈都提出了相应的比例分配法则分摊联合成本,验证其处于核心之中,并指出满足有效性、单调性和对称性三个基本性质[65]。随后,麦加等(2003)在此基础上考虑了允许缺货时的经济生产模型(EPQ),给出了集中库存决策时的联盟博弈及成本比例分配机制。[66]麦加等(2007)进一步考虑了存在临时价格折扣情况下的经济生产批量模型,并证明此博弈是p-可加性博弈。[67]对此种库存共享合作博弈的扩展,主要是围绕对订购成本的不同假定上。麦加等的研究是建立在假定所有的零售商都拥有相同的订购成本基础上,这显然与现实不符,学者们在此后进行了不同的扩展。费德格伦和郑(1992)、阿尼利和哈维夫(2007)将订购成本细分为主要成本和次要成本,他们假定主要成本相同,而次要成本不同,研究了在二次幂策略之下的零售商订货联盟,证明了此合作博弈的核心非空。[68-69]张(2009)扩展了阿尼利和哈维夫提出的模型,证明了即使当仓库持有库存时,主要成本的库存合作博弈仍然有一个非空的核心。[70]德罗尔和哈特曼(2007)也将订购成本细分为主要成本和次要成本,但是他们假定所有的零售商都采用相同订购周期的策略,提供了核心非空的条件,并分析了核心对相关成本参数的敏感性。[71]菲尔斯特拉斯等(2012)假定当所有的零售商都同时订货时,订购成本由固定订货成本(主要成本)与联盟成员最大的运输成本(次要成本)构成。同时,作者证明了如果其特征函数满足超可加性(联盟有利可图),则核心非空,并提出了具体的成本分摊方法。[72]另外,伯恩斯坦等(2015)研究了日本丰田公司的生产系统,分析了上游供应链的库存共享情形,证明了核心的存在性。[73]

我国学者冯海荣、李军等(2011、2013)对易腐品库存共享联盟进行了研究,证明了易腐品合作博弈的核心非空,并提出了相应的比例分摊规则。[74-75]肖旦等(2013)研究了考虑产品存在次品率时的库存零售商库存合作博弈模型,提出了相应的比例成本分摊规则。[76]何龙飞等(2013)考虑了订单延迟时的明确或模糊零售商联盟博弈,证明了相关结论。[77]

上述的库存合作博弈,其特征函数是一个明确的公式。而另一类库存合作博弈模型,主要集中在多期的、动态的生产-库存问题中,它们的特征函数没有确切的表达公式,只能通过最优化问题的最优值求解。在这方面,非常著名的是瓦格纳和惠廷(1958)针对此种组合优化问题提出的动态规划算法,该算法为联盟提供了最优的生产-库存方案和最优成本。瓜迪奥拉等(2009)介绍了一类生产-库存博弈,即联盟成员通过合作节约成本。作者证明了此类生产-库存博弈的完全平衡性,并提出欧文值作为在核心中的一种分配方法。[78]范登等(2007)研究了经济批量问题博弈,即在有限的多个周期内,每个成员都必须用当期的生产量或者前期的剩余库存满足当期的需求,不允许缺货。和瓜迪奥拉不同,范登·赫维尔假定在所有周期内、对所有成员,组装成本都是相同的,并且作者证明了经济批量问题博弈的核非空。[79]

陈和张(2016)考虑了具有凹订购成本的经济批量问题博弈,即当库存持有成本与缺货成本是线性函数时,作者基于线性规划的对偶方法,证明由此产生的经济批量问题博弈核心非空。[80]

关于随机性需求下库存共享联盟的情形,最早的研究者是哈特曼等(2000)。在他们的研究中,零售商的产品需求分布被假定是多元联合正态分布的,在此情形下其合作博弈的核非空。[81]穆勒等(2002)在哈特曼的基础上,针对所有可能的需求分布函数研究了零售进行库存合作时的订货决策问题。[82]此后,一些学者又对他们的研究进行了多方面的扩展。例如,斯莱克等(2005)进一步考虑了在需求实现之后,零售商的剩余库存可以相互转运的情况[83];克林克和斯莱克(2005)以及奥森(2008)等则考虑了零售商可以有多个库存仓库的情况[84-85];奥森和索西克等(2012)探讨了相关需求信息更新(但需求还未实现)之后再重新分配库存的情况[86];奥森等(2005)研究了在特殊需求分布假定之下报童合作博弈的凸性问题[87];陈(2009)在需求随机依赖于价格的假定下讨论了零售商进行库存合作时的订货决策问题[88]。研究者们都证明了在各自研究的库存合作博弈中,合作博弈的核是非空的,即至少存在一个分配方案使得任意一个参与者都不会离开这个合作联盟,由此证明了他们各自讨论的库存合作联盟是稳定的。哈特曼和德罗尔(2005)则讨论了零售商的持有成本和惩罚成本各不相同时,形成库存合作的零售商的订货量决策问题,发现当零售商的持有成本和惩罚成本各不相同时,库存合作博弈的核是空集。[89]

注意到核心在刻画联盟稳定性时有所缺陷,即注意到了短期利益问题,学者们开展了一系列研究。威赫(1994)提出了最大一致集,毛莱昂和范内特洛什(2004)提出了最大谨慎一致集(LCCS),科尼希和雷(2003)提出了联盟形成均衡过程等概念,均对联盟的远视稳定性进行了分析。[90-92]格兰特和索西克(2005)研究了三个零售商之间的联盟动态稳定性问题。在他们的模型中,零售商组成联盟不仅可以降低联盟中零售商的成本,而且可以降低其他联盟成员的成本。作者指出,当产品完全没有替代性或替代性很高时,三个零售商组成的总联盟是最大一致集中唯一的结果。[93]纳加拉詹和索西克

(2007)研究了组装供应链中供应商的动态联盟及其稳定性问题。他们指出,当供应商非常强势或非常弱小时,总联盟是唯一的联盟结构;当供应商和组装企业力量对等时,所有的供应商将会分成两个大致同等规模的联盟,而这一联盟结构是唯一稳定的。[94]索西克(2011)延伸了冷和帕拉尔的模型,考虑了需求信息共享下的三级供应链五种联盟结构。研究表明,大联盟并不是唯一的稳定结构,事实上它可能没有一些小的联盟结构稳定。作者并比较研究了夏普利值法和核仁分配方法在不同的参数条件之下,稳定联盟结构的情况。[95]索西克(2006)分析了库存转运的零售商联盟的静态与动态稳定性。作者指出,当零售商之间相互对称时,使用夏普利值分配规则,总联盟是唯一的联盟稳定结构。[96]李和陈(2020)在三种不同利润分配规则下,采用最大一致集的概念分析联盟的稳定结构。[97]

近年来,我国学者也关注到联盟的远视稳定性问题。郑士源等(2009)考虑了三家航空企业在五种不同的联盟(既有纵向的也有横向的合作)结构情况下,由于定价不同而导致联盟利润变化的情况。研究结果表明,在不同的运输服务替代性假设下,不同的联盟结构具有不同的动态稳定性。[98]周永务等(2013)针对由单一供应商和三个相互竞争零售商组成的两层分销供应链系统,在三种不同的博弈框架下(供应商领导、零售商领导、供应商与零售商纳什均衡),采用合作博弈论中短视的纳什稳定性概念与远视的最大一致集概念研究了供应商与不同零售商联盟间的定价博弈,分别讨论了不同类型零售商联盟的稳定性。[99]郑士源(2013)基于运输合作博弈模型,分析了夏普利值分配规则与公平分配解(PES)成本分摊规则,研究了两者的性质及其对运输联盟动态稳定性的影响。[100]

2.3.3 成本分配的公平性公理化研究文献评述

杨(1994)和提伊斯等(1986)讨论了费用分配方法应具有交付标准、帕累托最优性、个体理性、群体理性、边际成本条件、虚拟参与者特征、对称性、集合单调性、可加性等一些重要特征,但同时也说明没有任何一种方法同时具备所有的特征。[101-102]斯科塔努斯等(2008)针对采购联盟比较研究了夏普利值分配法、相等价格分配法以及折中值分配法满足公理的情况。研究结果表明，由于相等价格分配法不满足按增加价值大小公平排序这个性质而造成分配的不公平。[103]刘迎等(2008)研究了高校后勤采购联盟联合采购问题，探讨按采购数量比例法、夏普利值法和折中值法三种分配方法的公平性问题，验证了三种分配方法满足有效性、稳定性、个体理性、对称性、单调性、虚拟性、可加性等公理性质的情况。[104]郑立群等(2001)建立了同质成本分配的数学模型，提出了同质分配解的公理体系，并研究了序列成本定价、平均成本定价和边际成本定价方法所满足的公理情况。其中，序列成本定价不能通过独立性检验，因此在实际中不能作为一种分配解。[105]郑立群等(2003)研究了非可分成本的平等分配法、奥曼-夏普利值法与夏普利值法等几种异质成本分配方法所满足的公理性质。[106]梅卡等(2004)建立了零售商联合采购模型，指出联合采购费用的比例分配解满足单调性以及有效性，也是满足这些性质的唯一解。[107]在补货速率有限时，梅卡等(2003)说明了比例分配解满足转移性、有效性以及局中人无效性。[108]奥森等(2012)考虑了最小服务水平限制的库存合作博弈模型，研究了模型成本参数及服务水平限制变化时，相关库存合作博弈模型满足四种单调性质的情况。[109]

2.3.4 成本分配在供应链契约设计中应用评述

杨(1994)研究分析了不同费用分配方法对企业采用高效生产技术的激励作用。[101]迪奥(2003)讨论了费用分配方法作为一种协调机制的应用。[110]赫扎克哈尼等(2010)研究了两个零售商库存转运的供应链系统，应用广义纳什协商模型设计转运价格契约。研究结果表明，基于广义纳什协商模型的隐含转运价格机制可以协调供应链，使分散式供应链达到集中决策时的订货量与利润。[111]李卫红等(2012)构建了基于满意度的纳什谈判模型，设计上下游企业研发合作的利益协调机制。分析表明，该协调机制能避免传统研发成本分担法引起的合作冲突，弥补了传统研发成本分担法的不足。[112]叶飞等(2007)论证了传统供应链回购契约机制的不合理性，提出采用斯塔克博格模型与纳什协商模型来设计回购契约。数据分析表明，利用斯塔克博格模型设计回购契约可使零售商和供应商的收益得到一定改进，但没有达到供应链整体收益最优；而利用纳什协商模型设计回购契约，供应链整体收益达到最优的同时，又可使零售商与供应商的收益得到很大的改善。[113]公彦德等(2009)研究了单供应商与单零售商两级供应链系统，分析了基于夏普利值与相同利润增长率两种协调策略，结论是两种协调策略均可以实现供应链协调。[114]张成堂等(2011)针对制造商、分销商和零售商组成的三层供应链系统，研究了价格敏感型需求下的联盟博弈和收益分配问题，结果表明运用夏普利值法协调后的大联盟相对更为稳定，其成员利润均比非合作决策时有大幅度的提高，有利于激励供应链成员保持长期充分的合作。[115]林强等(2014)研究了一类由农户与公司构成的“公司＋农户”型订单农业经营模式下的农产品供应链，引入一种基于协商的收益共享契约机制来协调公司与农户之间的利益。实施该契约机制不仅可以实现“公司＋农户”型订单农业供应链的完美协调，还能带来社会福利的增加。[116]叶飞(2005)建立了制造商与零售商组成的两级供应链，研究了供应链分散决策与集中决策下的合作双方收益问题，利用不对称纳什协商模型建立了激励供应商与分销商进行协作的利益协调模型，并通过算例分析验证了这种激励机制的有效性。[117]李榆等(2014)运用纳什协商模型到电信增值服务供应链中分析电信运营商和服务提供商之间的定价、分成问题。研究表明，在协商模型中，分散式供应链的利润和集中决策情况下的总利润一致，实现了供应链的协调。[118]彭伟真(2012)针对制造商、分销商和零售商组成的随机需求下的三层供应链系统，研究通过夏普利值来确定收益共享契约系数的问题。作者从理论上证明了收益共享契约能够有效协调供应链，以及该系统下的夏普利值的存在性问题；通过夏普利值来对供应链的收益进行分配，可以唯一确定收益共享契约的系数。[119]孟卫东等(2013)应用纳什谈判解构造了供应链联合促销的相互激励模型，并考察了最优线性合约的存在性。[120]

2.3.5 成本分配在竞合博弈模型中的应用评述

阿努皮迪等(2001)研究了分散式决策下的零售商库存竞合博弈模型。该模型分为两个阶段,需求实现之前零售商各自订货,需求实现之后零售商之间的剩余库存与剩余需求可以相互转运,以获取额外利润。在第一阶段,每个零售商独立地做出库存决策,他们的库存决策依赖于第二阶段的利润分配方法。在第二阶段,零售商共享他们的剩余并分配其产生的利润。作者应用线性规划中的对偶理论,提出了对偶分配机制,并证明这个解属于合作博弈的核,因此由所有零售商组成的总转运联盟是稳定的。作者最终构建了一种利润分配机制,使分散决策可以达到集中决策时的订货水平和利润。[121]格拉诺特等(2003)在阿努皮迪等的基础上加入了一个中间阶段,即非合作博弈阶段,零售商可以独立决定自身的库存转运数量。作者指出,对偶分配机制不能促使零售商在第二阶段完全贡献其剩余库存,这降低了库存转运阶段产生的利润。同时,作者指出夏普利值分配规则与分数分配规则可以促使零售商在第二阶段完全贡献其剩余库存,但是通常他们却不属于核心。[122]普莱姆贝克和泰勒(2005)应用竞合博弈研究了原始设备制造商(OEM)与合同制造商(CM)之间的投资博弈问题。在博弈的第一阶段,各原始设备制造商独立地决策其产能和技术创新投资。在博弈的第二阶段,即合作博弈阶段,原始设备制造商利用各自的剩余产能进行合作生产,并统一分配由此带来的利润。他们发现,原始设备制造商与合同制造商的谈判能力将对整个供应链的效率及投资的均衡水平有重要影响。当原始设备制造商相对合同制造商有较强的谈判能力时,原始设备制造商之间的合作生产将会使整个供应链的利润最大化。[123]普莱姆贝克和泰勒(2007)对上述模型进行了扩展,分别从不同的违约补偿方式和重新谈判两个方面讨论了它们对供应链效率以及投资均衡水平的影响。[124]斯图尔特(2005)运用竞合博弈模型研究了价格竞争下的报童问题。他证明了均衡水平下的价格属于合作博弈的核心,此时零售商的最优订货量与他们之间的古诺博弈的结果一致。[125]乔德和鲁迪(2006)分析了两个企业在市场需求预测不断更新时的投资与交易决策。在博弈的第一阶段，各企业独立决策投资水平。在博弈的第二阶段，随着市场需求预测的更新，他们通过合作交易各自的资源。这里的合作博弈模型为纳什协商模型。作者分析了预测水平、汇率变动、不同产品市场的相关性等因素对均衡投资水平、企业利润和社会福利的影响。[126]鲁馨蔓等(2018)构建了一个云应用开发商和两个云服务运营商的云服务供应链，利用夏普利值给出了联盟成员的供应决策。[127]肖旦等(2019)研究了改良技术共享下采购联盟的竞合博弈模型，分析了不同成本分摊规则下的联盟效率水平。[128]于晓辉等(2021)建立了竞合博弈模型，研究节能补贴对双渠道低碳供应链决策的影响问题。[129]

2.4 结论与启示

从已有的研究可以看出，近年来不确定环境下的供应链联盟以及成本分配问题受到了国内外学者的广泛关注，并产生了一些研究成果。但是，现有研究成果还不够系统，考虑的情况也不能满足企业管理者的实际需要，还存在不少问题值得进一步研究。

(1) 成本分配的概念、范畴存在多维观点，亟需整理出一套系统的理论完善成本分配的概念与范畴。目前，成本分配研究现状比较混乱，散见于管理科学、经济学和会计学等多个领域，这些领域中对成本分配的概念、范围和分配规则等界定不一，且存在内在逻辑不一致的相互矛盾。

(2) 供应链联盟成本分配方法种类繁多，在选择分配方法时，缺乏一个统一的衡量标准。从上述文献综述可知，供应链联盟存在夏普利值法、纳什协商方法、核仁分配方法等多种成本分配方法，而究竟选择何种分配方法作为分配方案，现有研究大多是具体问题具体分析，缺乏对供应链联盟成本分配规律的研究，因此亟需深入探索其背后的运行机制。

(3) 目前，供应链契约的研究主要集中于单供应商与单零售商构成的两级供应链模型，部分文献扩展到三级供应链、多节点两级供应链契约模型的研究。上文只介绍了几个重要的供应链契约种类，此外还有数量折扣契约、转移支付契约等多种供应链契约类型，虽然他们的原理和方法各不相同，但其实质都是利益协调机制，因此需要深入探讨利益分配规则在供应链契约设计中的作用机制。

(4) 成本分配方法在竞合博弈模型中得到了广泛的研究与应用，需要进一步探析其内在规律。目前，成本分配方法在竞合博弈模型中的相关研究文献中应用得比较散乱，其作用机制还不明确，缺乏系统的理论支撑。

3 成本分配理论重整

3.1 成本分配的概念与范畴

3.1.1 成本分配历史溯源

成本分配的概念起源于经济学的研究。在经济学中,分配理论研究的是国民收入在社会成员之间的分配问题。财富的生产与分配是经济学的恒久性主题,分配理论在经济学中占有十分重要的地位。作为社会再生产的重要环节,分配理论包括两方面内容:一是收入分配本身主要受到经济中哪些因素的影响,从而按照怎样的机制运行;二是分配过程会对整个经济运行产生哪些影响。通俗地说,分配理论不仅要研究“蛋糕”是如何分割的,而且要研究“分蛋糕”对于“造蛋糕”的影响。在收入分配的决定机制方面,一方面,西方古典经济学认为,经济学的本质是要研究社会应如何使用稀缺资源去生产有价值的货物,并在不同的部门之间进行分配。传统的分配理论是克拉克提出的边际生产率分配论,它可以为在竞争条件下的生产要素(包括熟练或非熟练的劳动,每一等级的土地、资本、肥料及其他投入品)的定价提供线索。在竞争的生产要素市场上,投资者为获得最大利润,通常是以边际产品价格来解决费用或剩余的分配问题,这种定价方式是有效率的。另一方面，基于激励视角的个人收入分配理论的发展则体现了分配过程对经济运行的影响。在收益不确定、信息不对称的现实世界中，由于道德风险与逆向选择的存在，个人的努力程度极大程度上取决于其收入能否体现个人的贡献。恰当的工资制度（能够准确反映雇员的实际生产投入）将会激励雇员努力工作，而不恰当的工资制度（未能准确反映雇员的实际生产投入）则会导致雇员怠工。

在管理科学领域，成本分配应用广泛，在工程、环保、运输、供应链管理等方面都得到了深入的研究。学者们采用合作与非合作博弈的研究方法，以各种分配方法和技术的定量研究为主，包括传统的一次、二次分配法，合作博弈的夏普利值法、纳什协商方法、核仁分配方法等。管理科学与工程中的成本分配强调的是利益博弈，重点研究的是各参与方讨价还价能力的强弱对利润分配的影响。哈特曼和德罗尔（1996）在研究库存合作联盟时认为，成本分配是对联盟合作产生的剩余进行分配的过程与规则，同时强调指出分配规则应满足的三个标准：分配规则的稳定性、公平性以及计算的简便性。

成本分配也是会计学领域成本核算的一种具体技术方法。美国著名会计学家查尔斯·T.霍恩格伦认为，成本分配是指将费用按一定的规则归集分配到成本对象的过程，成本分配是成本核算的核心基础。成本核算中的成本分配，其实质是对共摊费用按一定规则归集分配到成本对象的过程，强调的是事后的核算分摊；而目标成本分解过程中的成本分配是指，将产品层次的目标成本按一定约束机制依次分解和转嫁到功能层次和零部件层次，强调的是事先的目标分解。

目前，成本分配研究比较混乱，散见于管理科学、经济学和会计学多个领域。成本分配既是会计领域成本核算的一种具体技术方法，也是经济学或管理学领域的收益分配的一种基本理论和原则。而上述多个领域中对成本分配的概念、范围等界定不一，存在着分配规则的混乱与内在逻辑相互不一致的理论缺陷。为进一步理顺供应链联盟成本分配理论体系中混乱的规则与逻辑，需要深入探究科学的供应链联盟成本分配理论与机制，以实现供应链联盟稳定、高效运行。

鉴于此，本书提出一种广义的供应链联盟成本分配概念，试图改变成本分配规则多样与混乱的局面，将管理科学、经济学和会计学三个领域的供应链联盟成本分配理论加以统一，并以成本分配的稳定性与激励性及其制衡为视角，重塑供应链联盟成本分配理论：

(1) 将供应链联盟成本分配类别划分为事后的分配决策与事前的供给决策两种类型，扩展供应链联盟成本分配研究范畴，并分别对两类决策稳定和激励制衡进行研究。

(2) 引入成本分配公理及其体系，各种成本分配规则能否通过成本公理性质的检验，是其能否作为具体分配方案的重要标准和依据。①

(3) 提出稳定性与激励性的概念及其制衡机制，来考虑联盟运行问题。供应链联盟的成本分配不仅需要关注联盟组织成本分配的激励性，而且更要关注联盟组织成本分配的稳定性，以保证联盟稳定高效运行。②

3.1.2 成本分配的概念与范畴

目前，成本分配的概念混乱不清，需要统一界定。虽然管理科学、经济学和会计学三个领域的分配内容和方法各不相同，但却有着共同的本质特征。广义的成本分配可定义为：一组局中人共同参与某个项目，需要对合作产生的费用或收益在参与者之间进行分配，即对共摊成本或共享效益的分配问题。按数学表达，在不考虑个体偏好的前提下，成本分配问题和收益分配问题是严格等价的。本书统一用“成本分配”一词。

根据不同的成本分配目标，成本分配的范畴可以划分为两种决策类型：分配决策与供给决策。成本分配的首要目标是联盟形成，并且在产生收益

① 成本公理化研究是成本分配理论发展的前沿领域，它是对夏普利在合作博弈模型的开创性研究以及公平分配的微观经济理论研究的延续。成本分配公理主要包括非负性、集体理性、个体理性、对称性、可加性等。

② 供应链联盟成本分配不同于传统单个企业的成本分配。供应链联盟是一类企业间的多个企业合作形成的组织，它具有整体性与联盟成员独立性的特点，竞争与合作共存是供应链联盟最本质的特征。供应链联盟成本分配既要考虑稳定性，以保证联盟不瓦解；又要考虑成本分配的激励性，以提高供应链联盟的绩效。

后进行公平合理的分配剩余；其次，成本分配要有助于激励联盟形成前分散式联盟成员采取提高联盟绩效的行动方案。因此，按照成本分配的目标不同，可以将成本分配划分为两种决策类型，一种决策考虑的是资源分配的具体公式或原理，我们称之为分配决策，主要涉及分配规则的选择。这种决策对应于生产过程的终点，在局中人联盟形成并产生收益后，往往存在多种合理的分配方法，每种方法都具有一定的优点，分配决策需解决的问题是如何根据各种分配问题的特性选择合乎公平性要求的分配方案，在这方面，合作博弈论得到了广泛应用。另一种决策要考虑被分配货物总量的变化，我们称之为供给决策，主要涉及资源配置的效率性问题，研究每个代理人如何根据自己对需求的偏好和成本份额有策略地选择行动方案。此种决策对应于生产过程的起点，主要研究在不同的分配规则下联盟总产量的问题，非合作对策在这方面起到重要作用。这两种决策的关系是：对某种特定的分配规则，可构造一个对策，即代理人有策略地选择自己的需求，从而确定出总产量。这两种决策往往采用不同的方法分别分析，如表 3-1 所列。分配决策是狭义成本分配理论最重要的研究领域，因此得到了深入和广泛的关注。

表 3-1　分配问题决策的两种类型

类型	决策的核心内容	决策原则	理论与方法
分配决策	分配规则的选择	公平性和效率性	合作博弈论公理化研究方法
供给决策	分配总量的变化	个人理性与最优决策	非合作博弈论冲突分析理论

3.1.3　成本分配的同质、异质维度

供应链成本分配的同质和异质维度着重强调供应链的构成环境，即供应链是由什么性质的成员企业所组成的。在同质环境中，供应链上的成员企业所从事的主营业务是相似的，因此其成本分配所依据的投入、产出是可以进行合并的。较为常见的同质供应链包括库存转运联盟、横向研发联盟、零售商定价联盟等。此时加入供应链联盟的企业都属于同一个行业或类别，企业性质和业务活动都有共通之处。横向供应链联盟的优势在于能够起到集群效应、

协同效应和溢出效应，因此在现代社会经济活动中随处可见，比如华为开发者联盟、国际独立零售商联盟等。同质成本分配方法适用于同质的横向供应链联盟，其数学表达如下：

假设供应链上有 $N(i=1,2,\cdots,n)$ 个成员企业，$x=(x_1,\cdots,x_n)$ 表示企业需求，$x_N=\sum_{i=1}^{n}x_i$ 为供应链中所有企业的总需求；$C(x)$ 为供应链成本函数，设 $\Gamma(1,1)$ 为非减连续函数集合，对于 $C\in\Gamma(1,1)$，有 $C:R_+\rightarrow R_+$，$C(0)=0$。那么，应如何在 n 个企业之间分配供应链成本 $C(x_N)$？成本分配问题$(N,x;C)$ 的解 φ 为向量，$\varphi=(\varphi_1,\cdots,\varphi_n)\in R_+^n$ 表示每一成员企业的成本分配额，使得等式 $\sum_{i\in N}\varphi_i=C(\sum_{i\in N}x_i)$ 成立。

在异质环境中，供应链上的成员企业所从事的主营业务是不同的，因此其成本分配所依据的投入、产出是不能进行合并的。异质成本分配模型是同质成本分配模型的一般化表达，在实践中，成本及其动因之间具有不同匹配关系的情形非常多见，因此异质成本分配是一个不容小觑的问题，其数学表达如下：

假设供应链上有 $N(i=1,2,\cdots,n)$ 个成员企业，每个合作成员企业的具体需求各不相同，共有 $p(j=1,2,\cdots,p)$ 种异质产出需求，表示为 $x=(x_1,x_2,\cdots,x_p)$；每一合作成员企业对于 p 种异质产出的需求为 $X=(X_1,X_2,\cdots,X_n)^{\mathrm{T}}$，那么有：

$$X=(X_1,X_2,\cdots X_n)^{\mathrm{T}}=\begin{pmatrix} x_{11} & x_{12} & \cdots & x_{1p} \\ x_{21} & x_{22} & \cdots & x_{2p} \\ \vdots & \vdots & \ddots & \vdots \\ x_{n1} & x_{n2} & \cdots & x_{np} \end{pmatrix}_{n\times p} \tag{3-1}$$

其中，$x_{ij}(i=1,2,\cdots,n;j=1,2,\cdots,p)$ 表示企业 i 对于产出 j 的需求，且有：

$$x_j=\sum_{i=1}^{n}x_{ij}(j=1,2,\cdots,p) \tag{3-2}$$

供应链成本为 $C(x)$，则此问题可以表达为在供应链各个成员企业之间如何根据异质需求和产出对成本进行分配。常见的异质成本分配方法包括奥曼-夏普利值法、弗里德曼-穆林值序列分配法和夏普利-舒比克值法等。

① 奥曼-夏普利值法。

奥曼-夏普利值法是在夏普利值的基础上进行研究的，它将离散的成本分配函数拓展到连续的状态，假设企业对于不同的需求的权重一样。其优势在于能够更为充分地利用成本函数中所具有的信息量，同时能够将不同的成本需求进行合并分析。令 $r(t)=tx(t\in[0,1])$，$D_jC(x)=\frac{\partial C(x)}{\partial x_j}$，则奥曼-夏普利值法的数学表达为：

$$\varphi_i^{AS}(C,x)=\sum_{j=1}^{p}x_{ij}\omega_j=\sum_{j=1}^{p}x_{ij}\int_0^1 D_jC[r(t)]\mathrm{d}t \tag{3-3}$$

其中，$\omega_j=\int_0^1 D_jC[r(t)]\mathrm{d}t \quad (j=1,2,\cdots,p)$，即为该成本分配问题的奥曼-夏普利值。

② 弗里德曼-穆林值序列分配法。

在成本序列分配领域，弗里德曼-穆林值序列分配法是应用最为广泛的异质成本分配方法。该方法由弗里德曼和穆林于 1999 年在其共同发表的论文中提出。与奥曼-夏普利值法的路径生成法相同，弗里德曼-穆林值序列分配法以同样的形式计算在路径 r 上的积分[定义 $r(t)=te\wedge x$，其中 $e=\overbrace{(1,1,\cdots,1)}^{k}$，$(a\wedge b)=(\min\{a_1,b_1\},\min\{a_2,b_2\},\cdots,\min\{a_p,b_p\})$]。为简化起见，假设供应链中每一合作企业恰好需要一种产出需求，可以得出弗里德曼-穆林值序列分配法的数学表达为：

$$\varphi_i^{FM}(C,x)=\int_0^{x_i}D_iC[r(t)]\mathrm{d}t \tag{3-4}$$

其中，$D_jC(x)=\frac{\partial C(x)}{\partial x_j}$。

③ 夏普利-舒比克值法。

由于夏普利值法解决分配问题的有效性较高，后人提出的许多分配方法都是基于夏普利值法进行的相关改进，其中最早的拓展性研究是 1962 年由舒比克提出的。夏普利-舒比克值法首次将夏普利值法拓展到专业的成本分配领域，其主要思想也是基于博弈者对于合作联盟的边际贡献。

夏普利-舒比克法的数学表达如下所示$(i=1,2,\cdots,n)$：

$$\varphi_i^{SS}(C,x)=\sum_{s:i\in S\subseteq N}\frac{(s-1)!(n-s)!}{n!}[C(x_S)-C(x_{S\backslash i})] \tag{3-5}$$

其中，S 为集合 N 的子集合，且 $S\subseteq N$，s 表示集合 S 的企业个数；$C(x_S)$表示供应链中合作企业子集 S 中所有企业的总成本；$C(x_{S\backslash i})$表示子集 S 中除去企业 i 之外的所有企业的总成本；$C(x_S)-C(x_{S\backslash i})$表示企业 i 的边际成本；$\frac{(s-1)!\ (n-s)!}{n!}$为加权因子。

3.1.4 成本分配理论体系

成本分配理论体系包括成本分配的概念与范畴、成本分配公理、成本分配的稳定性与激励性及其制衡机制、成本分配的方法体系四个部分，如图 3-1 所示。

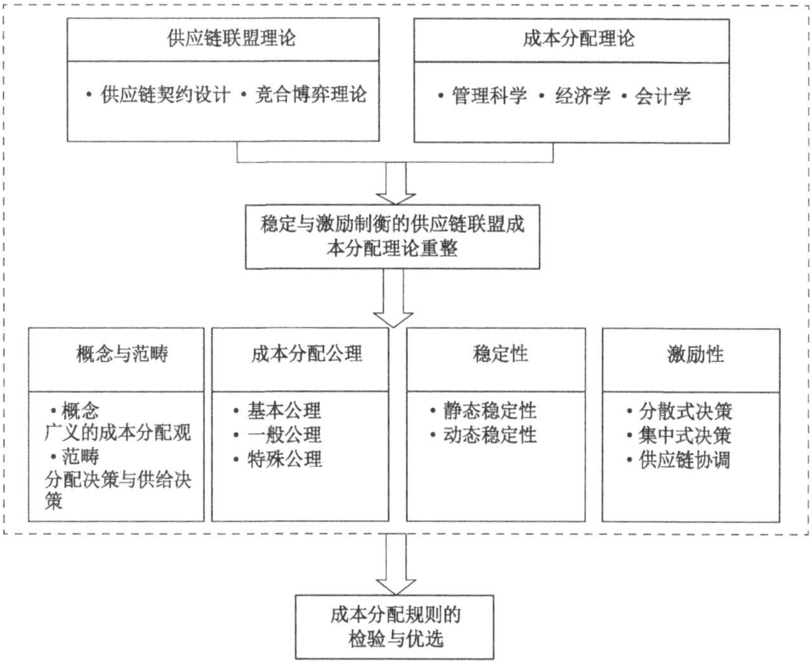

图 3-1 稳定与激励制衡的供应链联盟成本分配理论重整

本书研究的供应链联盟成本分配是一种广义的成本分配，涵盖了管理科学、经济学与会计学领域的成本分配概念。供应链联盟成本分配的特点是从静态的、单阶段的分配过程扩展到动态的、多阶段的分配过程，从联盟形成后的成本分配扩展到联盟形成前的成本分配。

从公理角度对成本分配问题进行研究，是目前成本分配领域研究的一个重要方向。成本公理采用规范的数学结构公理去表征和比较各种成本分配方法，可以帮助决策者更好地了解分配方法的性质，从而根据不同的管理目标选择合适的成本分配方法。

从成本分配的分配决策与供给决策两个方面出发，总结出基于稳定性与激励性及其制衡的供应链联盟成本分配机制。

成本分配规则种类繁多，根据成本分配规则的公理特性可以从中优选出满足稳定性与激励性及其制衡的分配规则，保证供应链联盟稳定、高效运行。

3.2 成本分配公理

成本分配公理是供应链联盟成本分配理论的四个组成部分之一。应用于不同层次和不同领域的成本分配规则多样且零乱。对于同一分配问题，出于管理的多目标性，可能存在多种可行的成本分配规则，每一种分配规则都有优劣，需要解决的问题是如何评价这些分配规则的优劣，并从中选出适用于特定管理目标的分配规则。公理化研究方法可以描述分配规则的特性，并基于分配规则应满足的性质，寻找适用于各类分配问题的具体规则。由于公理化方法简单而且客观，分配结果不依赖于任何偏好信息，在政治和道德上都能有效约束，所需信息量少且相对真实可靠，分配结果更具说服力。因此，公理化视角构建的约束规则是揭示成本分配规则的有效路径。

3.2.1 成本分配公理的概念与作用

成本分配的公理化方法采用规范的数学结构公理去表征和比较各种成

本分配方法。彼得·苏霍特曾经具体描述了部分公理性质的数学表示，如帕累托最优性、递阶性、可分性、等价问题等价处理、虚设性、匿名性、单调性、可加性等。其他学者也相继拓展提出其他分配公理，如成本规模不变性、对称性、上限性、下限性等。学者们运用这些数学公理研究了各类成本分配方法的特性。

公理化方法使分配规则的特征得以显性化，便于比较各种分配规则的优劣，可以根据不同分配问题的内在特征与不同的管理目标（公平、激励、稳定）寻找恰当的分配规则。因此，在各种成本分配问题的研究中，公理化方法得到了较为广泛的应用。

3.2.2 成本分配公理体系的构成

成本分配规则的公理特性为研究成本分配公理体系提供了行之有效的视角。围绕成本分配的公理特性，归纳出成本分配公理体系的三个层次。

(1) 基本公理性质。

这类约束准则表明成本分配的基本可行底线，只有满足基本公理性质的方法在成本分配中才有进一步分析的必要。基本公理性质也是强制性约束条件，具有极强的约束性。基本公理性质包括预算平衡（有效性）、非负性、虚设性、等价问题等价处理、递阶性等。

· 有效性（预算平衡）：$\sum_{i=1}^{n}\varphi_i = C(\sum_{i=1}^{n}x_i)$。供应链联盟 n 个合作企业成本分配额之和应等于供应链成本的总额，即无盈余亦无赤字。预算平衡确保供应链成本分配规则的有效性，具有极高的强制性。

· 非负性：$\varphi_i(x,C)\geqslant 0$。供应链中每一企业的成本分配额不能为负。如果不考虑福利与激励策略、只关注公平成本分配，非负性是所有供应链成本分配方法必须满足的性质之一。

· 虚设性：对于供应链中任意一个合作企业 i，如果$\partial_i C(x)=0$，那么合作企业 i 为虚设的；反之，对于虚设的合作企业 i，如果 $\varphi_i(x,C)=0$，成本分配规则满足虚设性。换句话说，如果供应链中合作企业 i 的需求并未增加成本，则该合作企业 i 不应负担任何成本份额。

• 匿名性(等价问题等价处理):对于供应链中任意两个企业,如果其需求 $x_i = x_j$,那么 $\varphi_i(x,C)=\varphi_j(x,C)$。等价问题等价处理这一规则表明,如果供应链中所有合作企业拥有同等权利,那么其各自的成本分配额仅依赖于自身需求大小,而与合作企业的身份无关。

• 递阶性:对于供应链中任意两个企业 $i,j\in N$,如果其需求 $x_i\leqslant x_j$,那么成本分配额有 $\varphi_i(x,C)\leqslant\varphi_j(x,C)$。这一规则表明,供应链中合作企业的需求越大,其成本分配额也应该越大。

由于供应链联盟成本分配的基本公理具有隐形的强制性要求,在成本实践中,如果某一供应链成本分配方法及其结果不能满足基本公理的任意一条,即认为该分配方法与规则违反公理性质。

(2) 一般公理性质。

这类公理性质纯粹从数学结构角度表述成本分配的约束规则。换句话说,如果成本分配的计算方式发生改变,那么与之相对应的成本分配结果保持不变,只有满足这种结构不变性数学特性的成本分配方法方可称为满足成本分配的必要条件。可加性、可分性、对称性、投入规模不变性、产出规模不变性、需求单调性、上限性、下限性等皆为成本分配的一般公理性质。

• 可加性:$\varphi_i(C_1+C_2,x)=\varphi_i(C_1,x)+\varphi_i(C_2,x)$。可加性规则表明,对供应链成本函数的分散组份 (C_1,C_2) 分别计算成本份额 φ_i,与对成本函数 (C_1+C_2) 计算成本份额的结果相同。可加性规则虽然不具有显著的强制性,但它确是成本分配的一般标准。现实中大部分成本分配都满足可加性性质。

• 可分性:如果成本函数 $C(x)$ 是可分的,则供应链成本分配额 $\varphi_i(x,C)$ 也应是可分的。也就是说,如果成本函数是需求的线性函数,那么每一企业的成本分配额均是其需求的线性组合。可分性可表示为:如果 $C(x)=\sum_{t=1}^{p}C_t(x^t)$,并且 $C_t(x^t)=\lambda_t x^t$,那么 $\varphi_i(x,C)=\sum_{t=1}^{p}\lambda_t x_{it}$(其中 λ 为非负向量)。

• 对称性:如果函数 C 关于 x^r 和 x^t 对称,那么 $\varphi_i(x_{ir},x_{it})=\varphi_i(x_{it},x_{ir})$ 成立。对称性规则表明,如果成本函数对于不同需求 r、t 是对称的,那么成本分

配额 $\varphi_i(x,C)$ 对于不同需求也是对称的。

· 投入规模不变性：对于任意 $\lambda \geqslant 0$，$\varphi_i(x,\lambda C)=\lambda\varphi_i(x,C)$ 成立。投入规模不变性表明，当供应链成本函数 C 的度量单位发生变化时，供应链成本分配额 $\varphi_i(x,C)$ 的度量单位会发生同样变化，但并不实质影响成本分配结果。

· 产出规模不变性：对于任意 $\lambda \geqslant 0$，如果 $\varphi_i(x,C)=\varphi_i(\lambda \otimes x, C^{\lambda})$，其中：$i=1,2,\cdots,n$；$\lambda \otimes x=(\lambda_1 x^1, \lambda_2 x^2, \cdots, \lambda_p x^p)$。该规则表明，当产出需求 x 的度量单位发生变化时，不应对成本分配结果产生影响。异质成本分配情形下，由于产出单位不可比和不能相互转化，会导致成本分配额因产出单位变化而变化，从而违反公平分配准则，这时产出规模不变性准则就是强制性的。

· 需求单调性：如果同一企业 i 需求增加($x_i \rightarrow x_i^t$)，则 $\varphi_i(x^t,C) \geqslant \varphi_i(x,C)$。需求单调性规则表明，供应链成本分配额 $\varphi_i(x,C)$ 应是需求 x_i 的非减函数，体现合作企业投入贡献与产出份额之间的正确关系。如果某种产出的需求形成垄断，那么需求单调性准则的强制性较高；如果某种产出的需求是大量企业的少量需求累加，那么需求单调性准则不具备强制性；如果某种产出的需求是少数几个企业需求的累加，那么需求单调性准则是强制性约束。只有这样，才能尽可能减少不公平分配现象。

· 上限性：如果成本函数 C 对于 k 个需求变量对称，那么 $\varphi_i(x,C) \leqslant C(x_i e)$ [其中，$e=1(1,1,\cdots,1)$]。上限性规则表明，当成本函数为凸函数时，上限性使低需求成员企业不必为其他高需求成员企业带来的高边际成本负责。可以说，上限性为那些低于平均需求的合作企业提供了一个保护性上限，以避免他们负担的成本太高。在异质成本分配模型中，上限性仅对对称性成本函数必须强制满足。

· 下限性：$\varphi_i(x,C) \geqslant \frac{1}{n}C(x_i)$。下限性规则表明，当成本函数为凸函数时，边际成本上升。下限性规则实际上是为需求较高的成员企业规定其至少应负担的成本份额。下限性规则为供应链中合作企业的成本分配额规定了一个较为宽松的下限。下限性规则一般在成本函数对称情形下需要强制性满足。

成本分配一般公理的强制性较弱，并不要求成本分配方法满足所有的一般规定。但是，在某些分配问题中，一些一般规则需要强制性得到满足。

(3) 特殊公理性质。

这类公理性质描述在解决某些特殊分配问题时的分配方法应满足的公理性质。成本分配特殊公理性质具体包括需求可控性、一致性、免费午餐等。特殊公理性质体现了具有道德意义的公平公正成本分配的约束条件，其作用是满足某些成员企业的特殊需要。在三种公理性质中，特殊公理性质的强制性最弱。

• 需求可控性：若 $x'_i+x'_j=x_i+x_j$，则 $\varphi_i(x',C)+\varphi_j(x',C)=\varphi_i(x,C)+\varphi_j(x,C)$。成员企业不可以利用合并或分离的方式来降低其成本分摊额度。

• 一致性：如果供应链中成员企业 i 之外的企业集合 $N\backslash i$，根据相同的规则对剩余成本$[C(x)-\varphi_i]$进行再分配，那么在需求不变的前提下，每一个成员企业的成本分配额 $\varphi_i(x,C)$ 均应该保持不变。一致性规则可表示为：$\varphi_i(x_{N\backslash i},C_{N\backslash i})=\varphi_i(x,C)$[其中，$C_{N\backslash i}(x_{N\backslash i})=C(x)-\varphi_i$]。

• 免费午餐：若$C(nx_i)=0$，则 $\varphi_i(x,C)=0$，且 $\varphi_j(x,C)=\varphi_j(x\backslash j,C)$，$j\neq i$。

3.2.3 同质与异质成本分配方法满足公理的情况

成本分配环境直接影响成本分配方法的选择。从数学表述来看，成本分配环境表现为同质和异质情形。同质是指可以通过表达形式或计量单位的转化，将 n 种投入或产出合并为一种。这里的投入或产出可理解为分配依据。换句话说，如果一个成本集合中所有活动成本与其成本动因之间均具有相同或类似的因果关系或受益关系，则称该成本集合是同质的。异质是指不能通过表达形式或计量单位的转化，减少产出或投入的种类，即不能合并产出或投入。也就是说，如果一个成本集合中所有活动成本与其成本动因之间均具有不同的因果关系或受益关系，那么该成本集合就是异质的。

一般认为，传统成本分配的环境是同质的，即默认联盟成员的企业性质都是相同的，企业从事的业务活动性质也是相近的，在成本分配时遵循同质成本分配方法。同质成本分配方法主要包括平均成本定价法、边际成本定价法以及序列成本定价法，这些方法本身具有无可比拟的优越性，因其依据相同(或类似)的因果关系(或受益关系),使得成本分配信息更为精确。表 3-2 列出了上述三种同质成本分配方法满足公理的情况。

表 3-2　同质成本分配方法对公理性质的满足情况

分配方法		平均成本定价法	边际成本定价法	序列成本定价法
基本公理性质	有效性	√	√	√
	非负性	√	×	√
	虚设性	√	×	√
	匿名性	√	√	√
	递阶性	√	√	√
一般公理性质	可加性	√	√	√
	可分性	√	√	√
	对称性	√	√	√
	投入规模不变性	√	√	√
	产出规模不变性	√	√	√
	需求单调性	√	√	√
	上限性	×	×	√
	下限性	×	×	√
特殊公理性质	需求可控性	√	√	×
	一致性	√	√	×
	免费午餐	×	×	√

注:√表示满足,×表示不满足。

随着全球经济化的发展,产品内国际垂直分工占据主导地位,产品生产过程被分割为不同制造工序和服务活动,生产制造和金融、物流、信息等生产性服务相互分离,联盟中企业性质越来越杂质化和异质化。同质成本分配方法显现了其局限性,需要拓展到异质成本分配领域范围来解决成本分配问题。典型的异质成本分配方法有非可分成本的平等分配法、奥曼-夏普利值法和夏普利值法等。异质成本分配方法实质上既适用于异质模型,又适用于同质模型,同质方法可视为异质方法的特例。表 3-3 列出了上述三种异质成本分配方法满足公理的情况。

表 3-3 异质成本分配方法对公理性质的满足情况

分配方法		非可分成本的平等分配法	夏普利值法	奥曼-夏普利值法
基本公理性质	有效性	√	√	√
	非负性	×	√	√
	虚设性	×	√	√
	匿名性	√	√	√
	递阶性	√	√	√
一般公理性质	可加性	√	√	√
	可分性	√	√	√
	对称性	√	√	√
	投入规模不变性	√	√	√
	产出规模不变性	√	√	√
	需求单调性	√	√	×
	上限性	×	×	×
	下限性	×	√	√
特殊公理性质	一致性	√	×	×
	比例性	×	×	√
	序列性	×	×	×

注：√表示满足，×表示不满足。

3.3 成本分配的经验主义方法

成本分配方法是供应链联盟成本分配理论的重要组成部分，一般可以分为传统的经验主义方法和合作博弈方法两大类。本节将概述成本分配的经验主义方法，成本分配的合作博弈方法则放到3.4节介绍。

现实经济生活中，存在着多种有效的长期延用的分配规则，这些古老的分配规则是解决简单分配问题的一般方法，至今仍有着强大的生命力。成本分配的经验主义方法分为一次性分摊法和二次分摊法。一次性分摊法是根据项目的某个数量指标，如设施的使用量、效益水平等，将成本按比例一次性分摊给各个合作部门，这种方法计算简便，但不尽合理。二次分摊法的主要思想是，首先将总成本分为两部分：一部分是各部门必须承担的最低成本（可分成本），另一部分是参与人分配的成本（剩余成本）；然后将剩余成本按一定比例进行分摊。

3.3.1 一次性分摊法

一次性分摊法是解决实际分配问题时应用较广泛的方法。许多分配方案的背后，都隐含着一次性分摊法的思想。在大量文献中，一次性分摊法亦被认为是首选的分配方法。一次性分摊法是以每一合作成员的某个数量指标占总指标的比例来计算各自成本分配额的。

假设 n 个成员（$i=1,2\cdots,n$）共同参加一个建设项目，记项目的总成本为 $C(N)$，成本分配的总数量指标为 P_N，成员 i 耗用的数量为 P_i，则成员 i 的成本分摊额为：

$$x_i = \frac{P_i}{P_N}C(N) \tag{3-6}$$

该公式的意义为，每个成员的成本份额应与其使用的资源成正比。正如亚里士多德所认为的：等价的应等价处理，不等价的则应不等价处理，其依据应为与此有关的相同或不同比例。

可以说，一次性分摊法是一种经济的、数学表达非常简单的且便于执行的经验主义方法。传统会计在成本分配时，采用最多的方法就是平均成本分配法。如分配联合成本的基本方法有两种：一种是利用市场销售数据（分离点销售价值、预计可实现净值、固定毛利率可实现净值）分配联合成本，即将每种产品销售价值占总销售价值的百分比作为各自权数；另一种是利用物理测量数据（重量、体积）分配联合成本，即以产品在分离点处相应的产出份额为分配基础等，这两种方法都体现了一次性分摊法的思想。一次性分摊法的分配比例可以是预算机器工时比重、预算人工工时比重，也可以是提供服务的比重，其实质是假设规模收益不变。因此，一次性分摊法充分诠释了平均分配思想。

3.3.2　二次分摊法

二次分摊法中最具代表性的是可分成本剩余效益法（SCRB 法）与非可分成本的平等分配法。与一次性分摊法相比，二次分摊法计算较为复杂，但结果比一次性分摊方法更合理、更公平，在实际生活中应用也较多。

假设 n 个成员（$i=1,2\cdots,n$）共同参加一个建设项目，记项目的总成本为 $C(N)$，成员集合 $N\backslash i=\{1,2,\cdots i-1,i+1,\cdots,n\}$ 的总成本为 $C(N\backslash i)$，则成员 i 的可分成本 SC_i 可表示为：

$$SC_i = C(N) - C(N\backslash i)$$

一般认为，SC_i 应是代理人 i 的最小分摊成本。将总成本减去可分成本之和，得到剩余成本（非可分成本，NSC）：

$$NSC = C(N) - \sum_{i=1}^{n} SC_i = C(N) - \sum_{i=1}^{n} [C(N) - C(N\backslash i)]$$

于是，每个成员的成本分摊额为：

$$x_i = SC_i + w_i NSC \tag{3-7}$$

其中，$w_i \geqslant 0$。$\sum_{i=1}^{n} w_i = 1$ 为比例分摊系数。根据对 w_i 的不同取值可得到不同的二次分摊法。

（1）可分成本剩余效益法。

$$x_i = SC_i + \frac{C(i) - SC_i}{\sum_{i=1}^{n} [C(i) - SC_i]} NSC \tag{3-8}$$

其中，$C(i)$ 表示成员 i 独立运作的投资成本。

（2）非可分成本的平等分配法。

非可分成本的平等分配法的思想是让每个代理人平等分摊 NSC，其定义式如下：

$$x_i = SC_i + \frac{1}{n} NSC \tag{3-9}$$

3.4 成本分配的合作博弈方法

博弈论是研究参与者决策相互影响的有力工具。按照参与者之间能否达成一个具有约束力的协议，博弈分为非合作博弈论与合作博弈论。非合作博弈论与合作博弈论有着不同的内容和方法，它们是看待同一博弈的不同方式。

合作博弈论研究的是，博弈者达成合作时如何分配合作得到的收益，即收益分配问题；强调团体理性，不讨论理性的个体如何达成合作的过程，直接讨论合作结果和收益分配。1944 年，冯·诺依曼和摩根斯特恩在其经典著作《博弈论与经济行为》(*Theory of Game and Economic Behavior*)中给出了非合作博弈论的一般框架、概念术语和表述方法，将二人博弈推广到 n 人博弈结构，并将博弈论系统应用于经济领域，从而奠定了这一学科的基础和理论体系。从 1944 年至今，博弈论在理论和实践方面都有长足发展。合作博弈论中具有代表性的研究方法有夏普利值法、核心法、核仁分配方法以及不对称纳什谈判模型法等。近年来，合作博弈论的研究不断向前推进，联盟的动态稳定性及竞合博弈的研究都是合作博弈论新的研究发展方向。

3.4.1 联盟及特征函数

为方便表述，我们引用如下记号：令 $N=\{1,2,\cdots,n\}$ 表示 n 个参与者构成的集合；N 的一个子集 $S(S\subseteq N)$ 称为一个联盟；所有博弈者均参加的联盟，即联盟 N，称为总联盟。任何满足下列条件的对 N 的分割都对应着一个联盟结构 Z：$Z=\{Z_1,Z_2,\cdots,Z_m\}$，$\bigcup_{i=1}^{m}Z_i=N$，$Z_j\cap Z_k=\varphi(j\neq k)$。

定义 3.1 给定一个有限的参与人集合 N，合作博弈的特征型是有序数对 (N,v)，其中特征函数 v 是从 $2^N=\{S\mid S\subseteq N\}$ 到实数集 R 的映射，即 $v:2^N\rightarrow R$，且 $v(\varphi)=0$。

可转移效用博弈(TU 博弈)理论认为，货币可以用来在不同的参与人之间转移效用，特征函数是 TU 博弈最重要的工具之一。

一般来说，特征函数应具有超可加性。

定义 3.2 合作博弈(N,v)（通常应用于价值博弈，即合作博弈的特征函数表示联盟整体所获得的最大价值）是超可加的。如果对于任意联盟 S，$T\in 2^N$ 且 $S\cap T=\varphi$，则均有 $v(S)+v(T)\leqslant v(S\cup T)$。

从直观上看，如果一个博弈是超可加的，意味着“整体大于部分之和”。也就是说，如果两个不相交的联盟能够实现某种剩余，那么这两个联盟联合起来至少也可以实现这种剩余。超可加博弈是现实生活中很普遍的一类博弈。

3.4.2 合作博弈的解

合作博弈研究的重点是博弈解的构造，即合作联盟的利益分配问题。合作博弈的解一般分为多值解与单值解两大类。完全合作博弈的多值解主要有稳定集、核、讨价还价集等；而完全合作博弈的单值解主要有夏普利值、欧文值、班扎夫值等。下文主要介绍完全合作博弈论中一些较为常用的解的概念与性质，这些解将在本书的研究中被广泛使用。

(1) 分配集。

定义 3.3 一个合作博弈(N,v)的分配集 $I(v)$是满足如下个人理性分配规则的利益分配的集合：

$$I(v)=\left\{x\in R^N \,\middle|\, \sum_{i\in N}x_i=v(N),\ \forall\, i\in N: x_i\geqslant v(\{i\})\right\} \tag{3-10}$$

其中，x_i 表示博弈者 i 在联盟中所获得的利益；$v(\{i\})$表示博弈者 i 不参加任何联盟时所获得的利益。

分配集的利益分配方式表明：任何博弈者 i 在联盟 S 中所获得的利益 x_i 均大于他单独行动时可获得的利益 $v(\{i\})$，因此他有加入联盟 S 的激励，即满足他的个人理性要求。对合作博弈的解而言，满足博弈者的个人理性要求，即符合分配集的要求，是最基本的条件。

(2) 核心法。

N 人合作博弈(N,v)的核 $c(v)$可以被定义为：

$$C(v)=\left\{x\in R^N\,\middle|\,\sum_{i\in N}x_i=v(N),\forall S\subset N:\sum_{i\in S}x_i\geqslant v(S)\right\}\quad(3\text{-}11)$$

其中，x_i 表示博弈者 i 在总联盟 N 中所获得的利益；$v(N)$表示总联盟 N 的收益；$v(S)$表示联盟 S 的收益。

核具有非常重要的性质，如果核非空，核中的分配使得没有任何博弈者的子集能通过从总联盟中撤出而使自己获益。因而，由所有博弈者都参与的总联盟组成一个稳定的联盟结构。

尽管核心解较为稳定，但也存在很多缺陷。如：对于部分合作博弈，核心解可能是空集，这样便无法通过核来确定大联盟的分配；同时，即使核非空，其提供的也是分配的集合，因此必须通过其他方法来求具体的分配值。

(3) 核仁分配方法。

核仁分配方法是合作博弈论中一种解决利润分配的有效方法，多人合作博弈的任一联盟，如果在对其最不利的分配方案中，仍获得了利益最大的结果，那么这个分配结果就是核仁。核仁分配方法体现的是平均主义的思想，而且当核非空时，其一定处于核之中，且能保证联盟的稳定性。

假定 $X=(x_1,x_2,\cdots,x_n)$为合作博弈的一个分配，则任意联盟 S 对 X 的满意性可表示为 $e_S(X)=v(S)-\sum_{i\in S}x_i$。$e_S(X)$ 越大，S 对 X 越不满意，因为 S 中所有参与人的分配之和远没有达到其所创造的合作剩余 $v(S)$；反之，$e_S(X)$ 越小，S 对 X 越满意。

定义一个任意的实数 ε，满足条件 $e_S(X)\leqslant\varepsilon$，核仁就是在 n 个博弈者可能组成的 2^N-1 种组合中，出现最大的 ε 时，最小化 $e_S(X)$所得到的解矢量 $x=(x_1,x_2\cdots,x_n)$，即

$$\min_{x\in X}\max_{S\subset N}e_S(X)$$

此问题可以转化为一个线性规划问题：

$$\min\ \varepsilon$$

$$\text{s.t. } e_S(X)\leqslant\varepsilon,S\subset N,x\in X$$

按照这个定义，在核中优先考虑最不满意的组合，选择的分配要使这种组合的不满意程度达到最小；在此基础上，再考虑次不满意的组合，所选分

配要使其不满意程度尽可能小，如此即可求得核仁。

核仁分配方法具有如下四个重要性质：

① 满足个体理性与整体理性。这说明核仁解的分配结果是完全符合分配要求的。

② 所有的博弈问题有且只有一个核仁。这说明核仁的存在性以及用它求解问题的意义所在。

③ 假如存在核心，则核仁与核心是重合的。该性质对于求解一个特定对策的核仁十分有用，尤其适用于局中人数目 n 不大时用作图法求解核仁的情况。

④ 处于可替换地位的局中人所获得的收益相同。这说明当任意几个局中人的地位在整个联盟体中处于对称时，它们所给付的成本不应该存在任何差异。

(4) 夏普利值法。

夏普利值是合作博弈论一个非常重要的解。夏普利值法是由夏普利在1953年提出的用于解决 n 个人合作对策问题的一种数学算法。夏普利值法对边际价值概念加以推广，认为成本分配的每一参与方必须支付边际成本，即夏普利值等于每一参与方对于总成本的平均边际贡献。

在合作 N 下，由夏普利值法所确定的成本分配公式如下：

$$x_i = \sum_{s \in s(i)} w(|s|)[v(s) - v(s \backslash i)] \tag{3-12}$$

$$w(|s|) = \frac{(n-|s|)!(|s|-1)!}{n!}$$

其中，$s(i)$是集合 I 中包括成员 i 的所有子集；$|s|$是子集 s 中的元素个数；$w|s|$是加权因子；$v(s)$为子集 s 的收益；$v(s)-v(s\backslash i)$表示的是企业 i 的边际收益；$\frac{(n-|s|)!\ (|s|-1)!}{n!}$为加权因子。

夏普利值是合作博弈中一个非常重要的解，其按成员在联盟中边际贡献的大小来进行分配，体现了分配的功利性原则。夏普利值法的缺点是，当核非空时，其不能保证处于核之中，这样也就不能保证联盟的稳定性。夏普利值法满足公理的情况如下：

① 无序性：局中人因合作而分配到的成本与他被赋予的编号 i 无关。

② 有效性：如果一个成员 i 对他所参与的合作没有贡献，那么他分配到的成本应该是 0；成员分配到的成本之和应该等于供应链联盟总成本，即 $\sum \varphi_i(v) = v(I)$。

③ 可加性：对 I 上任意两个特征函数 v 与 u，$F(v+u)=F(v)+F(u)$，即如果 n 个局中人同时进行两项合作，则每个人的总分配额分别是两项合作的分配之和。

(5) 不对称纳什协商解。

著名的博弈论专家纳什通过引入公理化方法，将讨价还价问题模型化，提出了具有重要意义的纳什谈判模型。该模型被广泛用于解决多方合作协调问题。[130]

海萨尼与泽尔滕(1972)在纳什工作的基础上，引入了企业谈判能力参数，进一步提出了不对称纳什协商模型。[131]

$$(u_1(x^*),\cdots,u_n(x^*)) = \operatorname{argmax}\prod_{i=1}^{n}(u_i(x)-d_i)^{\omega_i}$$

$$\begin{cases} u_1(x^*),\cdots,u_n(x^*) \geqslant (d_1,d_2,\cdots,d_n) \\ (u_1(x^*),\cdots,u_n(x^*)) \in S \end{cases} \tag{3-13}$$

其中，$u_i(x)$ 表示第 i 个决策者的效用函数；d_i 表示谈判的起点；S 表示协商域；ω_i 表示第 i 个决策者的谈判能力，且 $\sum_{i=1}^{n}\omega_i = 1$。

纳什协商解满足公理的情况如下。

① 有效性：如果谈判结局对于某一方谈判者来说，比谈判破裂或根本不进行谈判时，所获得的效用更差，那么该方谈判者显然会放弃谈判，协议也不能达成。如果一种可能结局能够使得双方谈判者所获得的效用，均比另一种可能结局获得的效用更大，那么他们是不会选择后者的；也就是说谈判达成协议的结果，将是所有可能结局中的帕累托最优点，或者至少是帕累托弱最优点。

② 对称性：在双方谈判者涉及谈判的所有方面均相同的对称谈判中，谈判解也将是对称的。在对称谈判中，谈判双方的地位一模一样，即使双方互

换地位，也是相同的谈判局势。

③ 线性不变：在任意线性变换下，偏好的结构不变，变动的只是效用的数值。谈判的解与效用函数所采取的基本度量无关，而仅与效用函数体现的偏好结构有关。

④ 无关选择：从谈判中排除一些无关选择并不会改变谈判的解。

在四种公理的限制下，纳什证明了以下定理，即纳什谈判解：谈判的唯一理性解 $u=(u_1,u_2)$ 应满足 $(u_1,u_2)\in F$（在可行集中），$u_1\geqslant c_1$，$u_2\geqslant c_2$（不劣于冲突点）且使 $(u_1,c_1)(u_2,c_2)$ 乘积最大。其中，F 表示在谈判中可能的结局，即可行集 (u_1,u_2) 表示谈判双方的效用；c 表示谈判双方的冲突点（冲突点表示如果谈判双方不能达成一致，即不能产生协议约定而出现的一种谈判结局）。

3.5 供给决策

非合作博弈论是研究成本分配供给决策的有力工具。本节将回顾著名的纳什均衡理论，它在供应链联盟成本分配中被广泛应用。如前文所述，供给决策主要研究资源配置的效率性问题，研究每个代理人如何根据他对需求的偏好和成本份额有策略地选择行动方案，该决策主要考虑被分配货物总量的变化。非合作博弈论关心的是策略，它研究的重点是参与人在博弈中如何做出决策，因此它是分析成本分配供给决策问题的重要工具。

3.5.1 非合作博弈论概述

非合作博弈论研究的是决策主体的行为发生直接相互作用时的决策，以及这种决策的均衡问题。它强调的是个体理性和个体决策最优，其结果可能是无效率的、也可能是有效率的，是符合集体理性的。

在实践方面，博弈论已应用于军事领域、政治领域、经济学、社会学、心理学等众多方面，特别是在经济学方面得到了重要应用，包括市场竞争、经营决策、企业管理、寡头市场、费用分摊等方面。在理论方面，博弈论从静态、完全信息博弈发展到动态、不完全信息博弈，从单次博弈发展到重复博弈，理论的复杂性越来越强，与现实的贴近性也更加紧密。其中，纳什均衡理论是博弈论中最为重要的理论。

博弈论的研究结果表明，当社会中的每个个体都只考虑自身利益时，社会利益的最大化不一定能够实现，甚至个人利益的最大化也不一定能够真正实现。

3.5.2 完全信息静态博弈与纳什均衡理论

完全信息静态博弈的基本特征是各博弈方同时选择策略，并且各博弈方对博弈信息均完全了解。博弈信息包括博弈过程、博弈结果、博弈各方的策略集、收益等。完全信息静态博弈是最基本的博弈类型，在社会经济活动中广泛存在。动态博弈、重复博弈、不完全信息博弈和进化博弈等都是完全信息静态博弈某种形式的扩展，完全信息静态博弈分析是多数博弈分析的基础。

纳什均衡是完全信息静态博弈和整个非合作博弈论最核心的概念。纳什均衡，又称为非合作博弈均衡，是博弈论的一个重要术语，以约翰·纳什命名。

假设有 n 个局中人参与博弈，在给定其他人策略的条件下，每个局中人选择自己的最优策略（个人最优策略可能依赖于也可能不依赖于他人的策略），从而使自己的利益最大化。所有局中人策略构成一个策略组合。纳什均衡指的是由所有参与人最优策略组成的策略组合，即在给定别人策略的情况下，没有人有足够理由打破这种均衡。当纳什均衡达成时，并不意味着博弈双方都处于不动的状态，在顺序博弈中这种均衡是在博弈者连续的动作与反应中达成的。纳什均衡点的概念和求解方法已经成为博弈论中最重要的工具。

纳什均衡的定义：

在博弈 $G=\{S_1,\cdots,S_n;u_1,\cdots,u_n\}$ 中，如果由各局中人的各一个策略组成的某个策略组合 $(S_1^*,\cdots,S_n^*)$ 中，任意局中人 i 的策略 S_i^*，都是对其余局中人策略组合 $(S_1^*,\cdots S_{i-1}^*,S_{i+1}^*,\cdots,S_n^*)$ 的最佳策略，即有：

$$u_i(S_1^*,\cdots,S_{i-1}^*,S_i^*,S_{i+1}^*,\cdots,S_n^*)\geqslant u_i(S_1^*,\cdots,S_{i-1}^*,S_{ij}^*,S_{i+1}^*,\cdots,S_n^*) \tag{3-14}$$

对 $\forall S_{ij}\in S_i$ 都成立，则称 $(S_1^*,\cdots,S_n^*)$ 为 G 的一个纳什均衡。
其中，S_i 表示参与者 i 的策略空间；u_i 表示参与者 i 的博弈收益函数。

从纳什均衡的定义可以看出，有些博弈有一个或多个纳什均衡点，而有些博弈是没有纳什均衡点的。对于有限策略静态博弈问题，可以采用枚举法寻找纳什均衡点。

3.5.3　完全信息动态博弈与斯塔克博格双寡头模型

在完全信息静态博弈中，博弈参与者同时参与行动，但在完全信息动态博弈中，博弈参与者的行动存在先后顺序。从信息角度看，完全信息动态博弈与完全信息静态博弈类似，博弈参与者对博弈结构、博弈顺序、双方收益等信息都完全了解。

斯塔克博格模型是一个双寡头动态模型。该模型假设有两个企业，与古诺模型类似，这两个企业的决策选择也是产量。在这两个企业中，其中一个企业处于支配地位，先行动并进行产量选择，另一个企业处于从属地位，在支配企业选择产量之后再进行选择。因此，这是一个动态博弈问题。我们假设博弈结构的其他方面，比如策略空间、收益函数和信息结构等与古诺模型一样，因此，这个斯塔克博格博弈模型是一个具有完全且完美信息的动态博弈模型。与古诺模型的唯一区别是，斯塔克博格模型中博弈双方的选择是先后进行的，而不是同时进行的。采用逆向归纳法可以找出斯塔克博格模型中的子博弈精炼纳什均衡。

3.6 本章小结

基于广义的成本分配概念,本书重整了供应链联盟成本分配理论,回顾了成本分配公理、成本分配方法以及非合作博弈的纳什均衡理论。具体来说,本章包括以下几个方面的内容:

(1) 重整了供应链联盟成本分配理论。根据不同领域的成本分配概念及其历史演化,我们概括出了广义的成本分配概念,将成本分配区分为供给决策与分配决策两种类型,系统整理了供应链联盟成本分配理论。

(2) 引入了成本分配的公理体系。成本分配公理是成本分配理论的重要内容之一,它使成本分配规则的性质得以显性化,便于比较不同成本分配规则的优劣,为优选成本分配规则奠定基础。

(3) 提出了基于稳定性与激励性及其制衡的供应链联盟成本分配机制。

(4) 概述了一些最为常用的成本分配方法及其性质。我们将成本分配方法划分为经验主义方法与合作博弈方法两大类,它们在成本分配的理论研究和实践中得到了广泛应用。

(5) 回顾了著名的纳什均衡理论。非合作博弈的纳什均衡理论是博弈论中最为重要的理论,它是分析成本分配供给决策的有力工具。

4 基于稳定与激励视角的供应链库存联盟成本分配机制

4.1 供应链联盟与成本分配

4.1.1 供应链联盟的产生

任何一种企业组织与管理模式都是适应当时社会、经济发展和科技进步的产物。因此，企业组织形式的转变取决于企业所处生存环境的变迁，尤其是市场需求的变化。同样，供应链联盟的产生也是随着市场需求的变化与经济环境的变迁所产生和发展的。供应链联盟的发展经历了三个历史阶段。

第一阶段，萌芽发展时期。在这一时期，企业间的横向兼并是企业发展的主要形式，供应链联盟只在个别区域与企业中偶尔出现。20 世纪初，经济发展水平低下、物资相对匮乏，企业面临的是卖方市场，需求环境稳定。因此，代表先进生产方式发展方向的是单一品种大批量生产，与之相适应的先进企业组织形式是巨型企业，典型代表是福特汽车公司、美孚石油公司等。在这种环境下，企业的主要任务是如何通过扩大生产规模来降低成本，以此进一步拉动需求，获取更大的利润。为实现这一目标，横向兼并成为企业必要的发展战略。

第二阶段，初步形成时期。在这一阶段，日本企业间“分包制”的生产方式取得了巨大成功，它被视为供应链联盟的初级形式。第二次世界大战后，随着经济水平的不断发展，企业与企业之间的沟通与协调变得越来越频繁，外部交易成本不断上升。为了降低企业的交易成本、提高市场响应速度，企业开始探索通过各种模式加强合作，以美国为代表的纵向一体化模式和以日本为代表的分包制开始形成。纵向一体化模式是指核心企业通过自建、投资控股或纵向兼并等方式，将上下游企业内部化。例如，为了确保原材料供给，福特汽车公司投资煤矿、铁矿石仓库、林地、玻璃厂；拥有橡胶园，以便于为其提供造轮胎用的橡胶；经营牧场，以便于为其提供生产汽车坐垫的羊毛。纵向一体化模式虽然降低了外部交易成本，却带来了内部摩擦和反应速度迟缓等一系列问题。而日本企业则采取了一种以长期交易为基础的分包方式，将存在供需关系的企业链接起来，从而有效地解决了上述问题。日本分包制模式的典型代表是丰田生产方式，或称为精益生产方式，其组织保证是一组存在于供应链上所有企业之间的正式或非正式的关系性契约。通过这种模式，丰田实现了供应链各环节之间的无缝衔接，以及零库存和快速响应等一系列目标，从而形成了高效运转的供应链系统。日本依赖这一生产方式在制造业方面超越了美国，一度成为全球制造业的新霸主。

第三阶段，成熟发展时期。20 世纪 80 年代，日本企业凭借分包制模式，一直保持着高速发展。进入 90 年代，随着互联网的出现及通信成本的降低，信息技术获得了突飞猛进的发展，技术和产品创新的速度空前提高，产品的生命周期大大缩短，整个市场的需求呈现出个性化和多样化的特点。在这种条件下，纵向一体化模式使企业因规模过大而反应迟缓，难以适应技术更新快、投资成本高、竞争全球化的制造环境；分包制模式也使企业之间关系过于僵化，在产品设计和营销上缺乏生机。为了应对市场和产业环境所发生的根本性变化，扭转美国在全球竞争中所处的不利地位，在以美国为代表的发达国家中，一种新型的企业组织形式——供应链联盟蓬勃兴起。供应链集成管理的一个重要思想是建立供应链企业间的战略合作伙伴关系，组建供应链联盟。供应链联盟成员通过签订一系列战略合作协议来结成一个联盟，因此这种联盟形式被称为合作协议制。供应链联盟打破了原有的价值链结构，实现了产品、技术、物流、客户等资源的重新组合和优化，开辟了新的竞争领域，并避免了资源浪费。供应链联盟作为一种新的企业合作模式，对于降低供应链成本、提高顾客服务水平，从而增强供应链企业的竞争力，具有非常重要的作用。供应链联盟是提高企业全球竞争力的重要手段，是成功实施供应链管理的关键。

4.1.2 供应链联盟的概念及其分类

本书将供应链联盟定义为：供应链联盟是在竞争、合作的市场环境下，由供应链上一些相互独立的实体，以信息共享为基础，为实现某一共同目标而组成的联盟。联盟中的每个伙伴企业在各自优势领域，如设计、制造、分销等，为联盟贡献自己的核心能力，相互联合起来实现优势互补、风险共担和利益共享。

供应链联盟理论强调在战略高度上整合链上企业，是供应链管理的高级发展阶段。在供应链运行中，企业有三种参与方式：市场交易，纵向一体化与供应链联盟。供应链不同管理方式的比较如表 4-1 所列。

表 4-1 供应链不同管理方式的比较

	市场交易	纵向一体化	供应链联盟
交易频率	不确定	高	高
交易不确定性	低	高	低
资产专用性	低	高	中等
客户响应速度	快	慢	快
内部成本	小	大	小
外部交易费用	大	小	小

由表 4-1 可以看出，虽然三种供应链管理方式各有优缺点，但供应链联

盟较其他两种方式更具有综合优势,因此供应链联盟理论获得了广泛的应用与研究。

根据不同的分类标准,供应链联盟可以有不同的形式。按联盟的合作内容不同,供应链联盟可以划分为制造联盟、技术研发联盟、采购联盟、库存联盟、销售联盟(合作广告、联合定价)等。

按联盟企业在供应链中所处的环节不同,供应链联盟可以划分为横向联盟、纵向联盟和混合联盟。横向联盟是指在供应链中承担相同环节任务的企业之间的联盟,如零售商之间的销售联盟、供应商之间的制造联盟等。纵向联盟是指在供应链中承担不同环节的企业之间的联盟,常见的如零售商与供应商之间的产销联盟。供应链中的企业与其他企业之间既可以存在横向联盟也可以存在纵向联盟,并且常常是两种关系同时存在,这是兼具横向联盟和纵向联盟双重性质的混合联盟。

4.1.3 供应链联盟的特点

供应链联盟作为一种新型的组织形式,其最突出的特点在于:供应链各节点企业突破传统企业组织的有形界限,彼此之间建立战略合作伙伴关系,通过有效整合企业内、外部资源,最终实现企业的战略目标。具体而言,供应链联盟具有如下特点。

(1) 系统整体性。供应链联盟对外是作为一个整体存在的,体现的是一种系统优化观念,这是供应链联盟最根本的特征。从系统论的观点出发,供应链联盟应有明确的整体目标,成员之间为达成统一的目标,共享彼此的信息,形成协调一致的整体。虽然供应链联盟的成员仍是相互独立的法人实体,但由于共同的核心价值观驱使,各成员已改变了传统的只注重自身利益的管理模式,将管理范围延伸到供应链全过程。

(2) 成员独立性。供应链联盟的成员均为相互独立的法人实体,成员之间不存在行政层级关系,而是遵循自愿互利原则达成的平等关系,成员间只为追求共同利益而进行优势互补。供应链联盟各成员始终拥有自己独立的决策权,但这种独立自主性并不会破坏供应链联盟整体的协调一致性。

(3) 动态虚拟性。供应链节点企业之间并不存在控制与被控制的关系，它们完全是为了共同的目标和利益走到一起的。所以，一旦市场环境和客户需求发生了变化，供应链节点企业就会适时地改变联盟策略。例如，以Sun公司为代表的Java联盟，原本是作为微软和其应用软件供应商联盟的对立面出现的，但当双方都发现这种开放式编程语言在网络时代的巨大潜力时，微软反而被“邀请”加入了Java联盟进行软件共同开发，并在此基础上推出了自己的JavaScript产品。

(4) 网络复杂性。供应链联盟一般由多个不同类型的企业组成，其结构模式较单一企业的结构模式更复杂。供应链联盟作为一种竞争性合作组织，为竞争而合作，靠合作来竞争；竞争中的合作与合作中的竞争并存；成员企业之间在某些领域进行合作，而在其他领域又可能存在竞争。同一个企业，往往在不同的供应链中扮演着不同的角色，供应链相互交叉形成网络结构，这种关系增加了管理协调的复杂性。以摩托罗拉公司为例，它既是移动电话、民用卫星和高精尖军用设备等多条供应链上的重要供应商和采购商，也是为它服务的人力资源公司、销售服务公司和应收账款管理公司各自供应链上的重要客户。这种复杂的关系带来了供应链在管理上的困难，但由于企业在多个链条中同时占据位置，这样就给它提供了进行动态调整的极大便利，因为网络中的“连接线路”是随着节点增加而呈指数形式增长的。

(5) 松散性。供应链联盟是一种非股权参与的合作经营方式，主要以契约或协议作为各方合作的基础。从经济组织形式来看，供应链联盟是介于企业与市场之间的一种中间组织，既超越了一般的交易关系，又不存在控制与被控制的隶属关系，是一种相对松散的组织形式。

(6) 风险性。供应链联盟蕴含着一定的风险。例如，由于供应链联盟伙伴的不稳定性、不确定性导致的管理与合作风险；由于需要事前专用性投资而引起的投资与战略的套牢风险；在供应链联盟过程中可能导致企业自身核心能力的外泄或丧失，即技术与知识产权风险。

4.1.4 供应链联盟成员的行为逻辑与成本分配

供应链联盟的特点决定了供应链联盟成员的行为基础。一方面,供应链联盟的整体性特点决定了供应链联盟成员必须共享彼此的信息,以实现供应链联盟的整体目标为行动纲领。另一方面,各个供应链联盟成员又是相互独立的,有着各自的法人实体和经济利益,他们始终以自身利益最大化为出发点。一般而言,供应链联盟的整体目标与其成员的个体目标并不一致,因此,必须对供应链联盟成员的行为进行协调与约束。供应链契约是联盟成员之间的纽带,良好的契约设计可以实现供应链整体目标与成员个体目标的协调一致。

我们可以从博弈论的角度来理解供应链联盟成员的行为。博弈论是分析参与者决策相互影响的有力工具,应用博弈论能帮助决策者在复杂的供应链环境下制定相应的战略。博弈论包括非合作博弈论与合作博弈论。非合作博弈论关心的是策略,它研究的是参与人在博弈中如何做出决策。在合作博弈论中,我们关心的是参与人可行的结果,而不管其是否符合理性。合作博弈与非合作博弈的主要区别在于是否存在有约束力的协议,只要分散的供应链联盟成员签订了具有约束力的协议,通过契约的安排,引导联盟成员朝联盟总体效益最大化方向努力,防止成员出现机会主义行为,就可以实现企业由非合作博弈向合作博弈的转变。

合作博弈所强调的集体理性和效率、公正和公平决定了供应链联盟作为组织层次上的行为主体的行为基点。① 供应链联盟成员必须以供应链总体利益最大化为所有行为的基点,这一基础来自供应链巨大的交易创造所带来的利益,而使行为主体形成了自觉行为的共同信念。② 网络经济强大的正反馈机制和开放性,从正反两方面规范了供应链联盟成员的行为。供应链联盟起码构成了一个局域网,网络经济的正反馈机制使得供应链联盟外的企业有加入供应链联盟的激励,网络的开放性同时又给予众多主体平等的机会,入网的竞争压力会使网内的成员自觉维护其信誉。③ 供应链联盟成员具备达成一致同意规则的良好基础,这是供应链联盟成员各自的核心竞争力。④ 供应链联盟本身的协调机制和惩罚机制是保证成员一致同意规则并有效执行的行为基础。⑤ 免费搭车、逆向选择和道德风险问题在供应链联盟中被逐渐弱化。

成本分配贯穿供应链联盟运行的始终。作为终点,供应链联盟的收益已经产生,联盟成员具有整体性的行为特点,成本分配将考察联盟怎样形成、哪些联盟可以形成的问题。有效的成本方案将能保证大联盟的稳定,将促使联盟成员选择最大化整体收益的联盟形式。作为起点,供应链联盟的收益尚未产生,联盟成员具有独立性的行为逻辑,成本分配是进行供应链契约设计的核心。有效的供应链联盟契约设计可以降低供应链联盟中的总成本,提高信息的共享水平,改善企业相互间的交流,使企业产生更大竞争优势,从而提高供应链联盟的整体绩效。因此,合理的成本分配机制是保证供应链联盟稳定高效的关键。

4.2 成本分配的稳定性

4.2.1 成本分配决策研究的现状与不足

目前,在成本分配的决策研究方面,主要是根据待解决问题的具体特点从公理化角度寻找合乎公平的分配方案,存在很多不足之处。

关于分配公平的内涵,理论界的观点并不一致。[132] 对于分配公平的判断标准,福利学派的观点是看收入分配能否增进全社会的经济福利水平。罗尔斯(1976)认为,分配公平应注重结果的平等,社会经济和财富的分配应有利于社会之最不利成员的最大利益。诺齐克(1974)认为,分配的过程更为重要。诺贝尔经济学奖获得者简・丁伯根(1991)将分配公平的定义概括为三个方面:分配公平要求个人所获得的收入与其对国民生产总值所做的贡献相等;由于对个人禀赋及其努力程度的差异进行补偿,因此要产生收入差别;公平的收入分配必须使每个人的福利相等。

我国学者李晓宁(2010)认为,分配公平主要指起点公平、过程公平和结果公平。周天楠(2010)提出,分配公平必须遵循分配主体的平等性原则、分配规则的正当性原则、分配过程的秩序性原则和分配结果的公平性原则。

还有学者从公理化的角度研究分配公平问题。沙普利在合作博弈框架中加入了一些着眼于公平分配合作利益的公理。他首先对公平、合理等概念给予了严格的公理化描述,然后寻求是否有满足人们想要的公理的解。运用公理化研究分配公平的思路是,采用规范的数学结构公理去描述分配规则的特性,并基于分配规则满足的性质,寻找适用于各类分配问题的具体规则。应该说公理化研究的视角,具有简单客观的优点,但是其缺点也是非常明显的。人们很难判断满足更多公理性质的解就一定比满足稍少公理性质的解更公平,也很难判断哪个公理性质更能体现公平性。

综上所述,在成本分配决策研究方面,由于公平性内涵的不一致,学者们在研究与实践应用中受到了较大的限制,亟需提出一种内涵与外延一致的概念来描述成本分配决策。

4.2.2 成本分配稳定性的提出

稳定性的概念来自合作博弈论。合作博弈论中的稳定性与非合作博弈论中的纳什均衡相对应。纳什均衡是指没有个人可以单独背离并让自身的境况更好。成本分配的稳定性是指,某个联盟的成员如果可以利用自己的资源让自身的境况更好,那么就可以说这个联盟能够改进回报向量。一般来说,一个分配如果不能被任何联盟改进,那么它就是稳定的分配。事实上,没有联盟能够通过利用自己的资源,带来令所有成员更青睐的结果,即所谓的稳定分配。沙普利将核心论发展为合作博弈的一般利益分配集合,即它是一种所有成员均无法提升自身效用的稳定联盟状态。核心论主要探讨的是经济主体中的任何一个集团是否能够通过其下属的每个单位之间重新分配现有的商品,以使每个单位的收益都有相应的改善。如果存在这样一个集团,则认为它阻塞既定的分配;如果任何集团(联盟)都不能阻塞它的话,那么分配就处在核心上。

稳定分配是否总是存在？一般来说，如果无法得到足够多的盈余，那么就不可能对成本进行稳定的分割。邦达列娃(1963)和沙普利(1967)各自发展出一个精确的公式，用于计算要使可转移效用博弈中的核心(即稳定分配的集合)非空需要多少盈余。他们二人的研究成果被斯卡夫(1967)和比莱拉(1970)进一步拓展至不具有可转移效用的合作博弈中。沙普利(1971)证明，如果博弈是凸博弈(即参与者对联盟的边际贡献值如果在其他参与者加入联盟后提高)，那么核心就总是非空的。

4.2.3 动态稳定性

目前，大多数学者在研究供应链成本分配时的基本假设为参与者是短视的，因此他们采用的稳定性概念是静态的。博弈论中的稳定性概念通常是静态的，如非合作博弈中非常著名的纳什均衡理论，合作博弈中的核、联盟核、议价集、防共谋纳什均衡等。上述判断联盟稳定性概念采取的是短视和静态的观念，即假定没有博弈者可以通过一步偏离均衡状态后而马上获益，尽管某个博弈者的一步偏离不能使他受益，但这却有可能引发其他博弈者产生一系列的行动，从而使得联盟的结构发生根本性的变化，最终使该博弈者获得比当前更好的境况，因此远视的稳定性分析将更加符合现实。本书拟采用合作博弈中的一些新概念，如最大一致集与联盟形成均衡过程等动态稳定性概念来分析不同成本分配机制下的联盟稳定性问题。

为了克服短视的静态稳定性概念的不足之处，周(1994)提出了远视参与者的动态稳定性概念。[90]

(1) 最大一致集的概念。

用$<_i$表示第i个博弈者的偏好关系，如果对于两个联盟结构L_1与L_2，总有$L_1 <_i L_2 \Leftrightarrow u_i^{L_1} < u_i^{L_2}$，此处$u_i^{L_1}$，$u_i^{L_2}$为博弈者$i$在联盟结构$L_1$，$L_2$中的收益。

定义 4.1 对于一个博弈者的子集S，如果$L_1 <_i L_2$，$\forall i \in S$，则记为$L_1 <_S L_2$。如果S中的所有博弈者离开后，联盟结构从L_1变成L_2，则记为$L_1 \rightarrow_S L_2$。如果存在S，使得$L_1 <_S L_2$且$L_1 \rightarrow_S L_2$，则称联盟结构L_1被L_2直

接占优，记为 $L_1 < L_2$。

定义 4.2 如果存在 $L_1, L_2, \cdots, L_m$ 和 $S_1, S_2, \cdots, S_m$，使得对于所有的 $i=1,2,3,\cdots,m-1$ 而言，$L_i \rightarrow_{i+1} L_2$ 且 $L_i \prec_S L_{i+1}$，则称联盟结构 L_1 被联盟结构 L_m 间接占优，记为 $L_1 \ll L_m$。

定义 4.3 最大一致集：一个由联盟结构构成的集合 Y 被称为一致的当且仅当对于所有的 $L \in Y$ 和 S，当 $V \in F_S(L)$（或表示为 $L \rightarrow_S V$）时，存在联盟结构 $B \in Y$ 满足 $V=B$ 或 $V \ll B$ 且 $L \not\prec_S B$。

最大一致集体现了博弈者为达到最终对自己更有利的局面，可能会牺牲眼前利益的动态思想。如果仅从一步行动的结果来看，偏离现有的联盟结构对博弈者可能是不利的，但这也会给其他博弈者带来损失，促使其他博弈者采取进一步的行动，进而引发整个博弈结构发生一系列变动。当最终的变动结果不再使参与偏离行动的所有博弈者的处境有任何改善时（即使从长远的观点来看也是如此），那么这些可能的最终的联盟便构成了最大一致集。丘证明了合作博弈中最大一致集的存在性、唯一性和非空性，但是最大一致集的一个较大的缺点是解的集合过大，无法判断哪一种结果是最有可能发生的。

(2) 联盟形成均衡过程的概念。

在上述博弈者偏离现状的行动过程中，时间价值未被考虑，即经过若干步行动后，博弈者的最终处境可能较现在有所改善，但将来有所改善的收益的现值未必比当前的收益大。因此，是否进行偏离是值得慎重考虑的。对此，科尼希和雷(2003)提出了联盟形成均衡过程进行分析。[92]

定义 4.4 一个联盟形成过程(PCF)是一个转移概率 $\varphi: G \times G \rightarrow [0,1]$，满足 $\sum_{V \in G} \varphi(L,V)=1, \forall L \in G$。如果 $\varphi(L,V) \in \{0,1\}, \forall Z,V$，则这个联盟形成过程称为确定性的联盟形成过程。

定义 4.5 一个从联盟结构 Z 中分离出 S 的行动是一次有利行动，当且仅当存在 $V \in F_S(Z), V \neq Z$ 且 $v_i(V,\varphi) \geq v_i(Z,\varphi), \forall i \in S$，其中 $F_S(Z)$ 表示从 Z 中一部分离出 S 后所生成的所有的联盟结构的集合，v_i 是一个满足方程(4-1)的关于博弈者 i 的值函数（u_i^Z 为博弈者 i 在联盟结构 Z 中的收益，

δ_i 为贴现率)。

$$v_i(Z,\varphi) = u_i^Z + \delta_i \sum_{V \subset G} \varphi(Z,V) v_i(V,\varphi) \tag{4-1}$$

定义 4.6 对于博弈者集合 S 而言,行动 V 是有效的,当且仅当不存在其他的行动 Q 满足 $v_i(Q,\varphi) > v_i(V,\varphi)$, $\forall i \in S$。

定义 4.7 一个联盟形成过程是一个联盟形成均衡过程,当且仅当满足下列条件:

① 对于任意 $\varphi(Z,V)>0$ 和 $V \neq Z$,存在 S,使得从联盟结构 Z 中分离出 S 的行动 V 是有利且有效的行动。

② 如果存在一个从 Z 出发严格有利的行动,则 $\varphi(Z,Z)=0$;如果存在一个严格有利且有效的行动 V,则 $\varphi(Z,V)>0$。

科尼希和雷证明,对于确定性联盟形成过程而言,联盟形成均衡过程是最大一致集的子集,且可以看成是对最大一致集的一种精炼,用于判断最大一致集中哪一种结果是最稳定且最可能的。

4.3 成本分配的激励性

稳定性的概念来自合作博弈论,而激励性则来自机制设计理论——非合作博弈论的一个分支。非合作博弈论假定博弈中的每个参与者都以自己的利润最大化为目标,不关心其决策对其他成员收益的影响,这可能导致供应链联盟效率低下。因此,如何选择恰当的成本分配规则来提升供应链联盟的绩效,则显得尤为重要。

4.3.1 成本分配与机制设计

机制原指机械的构造和工作原理,后来被医学、生物学、社会学及经济学等学科通过类比而广泛应用。机制的实质是,系统内部各要素相互联系、相互作用所产生的促进、维持、制约系统运行的内在工作方式。显然,机制是客观的,不同的机制作用在运行中会产生不同的结果。

经济系统是较一般机械更加复杂的系统。经济系统的成员具有智能性、交互性、能动性等机械系统要素所不具备的复杂系统的特征，主要表现在成员决策分散、自由选择、自由交换以及信息不对称等。如何在经济系统中如何根据系统的要素和目标设计出合适的机制，是机制设计理论所要研究和解决的问题。20 世纪 60 年代，里奥尼德・赫维茨最早提出了机制设计理论，并将其定义为：对于任意给定的一个目标，在自由选择、自愿交换的分散化决策条件下，能否并且怎样设计一个合理机制（制度或规则），使得经济活动参与者的个人利益和设计者既定的目标一致。概括地说，机制设计理论就是研究如何设计一个合理的机制，激励联盟参与者实现既定目标的理论。

机制设计的目的是激励联盟参与者实现联盟的组织目标，谋求联盟整体利益和联盟成员利益的一致。要实现机制设计的目标，需要建立信息共享机制、行为约束机制、成本分配机制等，而成本分配是机制设计的核心内容。良好的分配制度将诱导联盟成员选择实现联盟组织目标的行动方案；反之，将会使联盟整体利益受损。

4.3.2 成本分配激励性的提出

根据机制设计的含义，成本分配的激励性可以定义为：在自由选择、自愿交换的分散化决策条件下，能否并且怎样设计一个合理的成本分配规则，激励联盟成员选择实现联盟组织目标的行动方案。

作为生产过程的起点，成本分配的供给决策研究的是，每个代理人如何根据他对需求的偏好和成本份额有策略地选择行动方案。非合作博弈论是现代经济学的重要理论之一，它可以描述分散式联盟成员在不同成本分配方案下进行自由选择、自愿交换行动形成的均衡状态。一般来说，分散式决策的均衡状态与联盟组织目标并不一致，它会导致整个联盟的效率降低。而恰当的成本分配方案，将激励分散式联盟成员采取与联盟组织目标一致的行动策略，以提高整个联盟的收益。因此可以说，对成本分配供给决策问题的研究，体现的是对成本分配的激励性研究。

4.3.3 激励性在供应链契约设计中的应用

供应链联盟的运行是基于竞争—合作—协调的机制。在供应链联盟形成之前，供应链联盟的成员作为一般意义上的行为主体，其决策是竞争性的。通过签订相关协议，供应链合作联盟形成，但是这并不等于达到供应链协调。集中式决策和分散式决策是供应链中常用的两种决策模式，也是研究供应链协调的基础。当分散式决策下的决策主体选择促使系统最优的决策变量时，供应链便实现了协调。对于如何激励分散的决策主体选择促使系统最优的决策变量，许多学者针对不同的情形提出了不同的策略，利益分配机制作为协调分散式决策系统是最常用的方法。协调是供应链联盟成功运行的关键。供应链协调可以定义为：分散式供应链成员的决策与集中式供应链一致，且能取得利润最大化的结果。联盟契约是联盟成员间的关系纽带，包括对联盟内供应商、制造商、分销商及零售商等的行动和关系的约束，起到协调供应链联盟内的物流、信息流和资金流的作用。合理的契约设计可以实现供应链协调，不完善的契约则不能实现供应链协调，比如回购契约与批发价格契约在很多时候不能实现供应链协调。[27]

供应链契约是供应链管理的重要内容之一。供应链契约研究的是各联盟企业的行为动机和激励问题。契约，俗称合同，指的是两人和多人之间为在相互设定合法义务时而达成的具有法律强制力的协议。而在现代经济学中，契约的概念比法律所使用的概念更为广泛，其不仅包括具有法律效力的契约，而且包括一些默认契约。供应链联盟是由不同的企业实体组成的，当供应链联盟成员都试图使自己的利润最大化时，供应链整体的利润将不可避免地受到损害，这就是双重边际化。供应链契约是为了尽量减少这种损害而提出的一种解决办法。因此，供应链契约引起了越来越多研究者的注意。供应链契约本质上是一种激励机制，它通过改变供应链的激励结构，而使供应链达到协调的状态。如何设计可协调各参与方的激励机制，是供应链成功运作的关键。

成本分配的激励性主要关注的是，如何选择合理的利益分配机制设计供应链契约、提高供应链联盟的效率，从而实现供应链协调。从博弈论来看，供应链联盟的组建和运行可以分为两步。第一步，成员企业共同设计一个彼此都认可的合理的成本分配方案（成本分配系数的确定）。这一步可视为一个合作博弈。第二步，在确定成本分配系数后，成员企业做出行动决策，以使自己的收益最大。这一步是一个非合作博弈过程。通过分析可以看出，供应链联盟成本分配中有两个问题需要重点研究：首先，联盟成员在既定的成本分配方案下会怎样进行自己的最优行动策略选择，形成怎样的均衡策略；其次，如何选择合理的成本分配方案设计供应链契约，以激励联盟成员采取与供应链联盟组织目标一致的行动策略，实现供应链协调。

4.4 稳定与激励制衡的库存联盟成本分配机制

4.4.1 不确定环境下供应链库存合作联盟

库存联盟又被称为库存共享、库存集中化，是指参与者之间关于库存管理达成了具有约束力的协议。库存联盟的目标是在保持一定顾客服务水平的前提下，降低库存成本。库存联盟将降低联盟成员的经营风险，提高联盟成员的收益。按联盟参与者的不同，库存联盟可以分为横向的零售商库存合作联盟、纵向的供应商与零售商库存合作联盟，以及混合联盟等形式。按所处的市场需求环境不同，库存联盟可以分为确定需求下的库存合作联盟与不确定需求下的库存合作联盟等形式。

库存合作联盟产生于多级供应链库存控制问题，供应商管理库存与联合管理库存等管理模式是目前发展较为成熟的库存合作联盟形式。库存管理是企业管理的重要组成部分，也是物流与供应链管理的核心内容。出于快速响应与提高客户满意度等方面的考虑，企业有必要持有一定的库存（包括原料、半成品与产成品库存等），以满足生产和经营的需要。与库存相关的成本包括订货成本、持有成本、缺货成本等，库存管理的目标是在保持一定顾客服务水平的前提下，降低库存成本。单企业的库存管理研究始于1915年哈利斯提出的经典经济订货批量模型。以经济订货批量模型为开端，有关库存管理的研究日渐成熟。随着供应链管理理念的兴起，传统的库存管理方法已不再适应新的经济环境。在传统供应链中，供应链成员往往各自为政，只单纯追求自身利益的最大化，从而引起牛鞭效应，最终导致供应链总库存相关成本大为提高，供应链总绩效水平下降。20世纪60年代美国麻省理工学院提出的啤酒游戏就是这种现象的一大明证。供应商管理库存与联合管理库存等新兴的库存管理模式克服了传统库存管理的弊端，是一种使库存管理得到持续改进的管理方法。供应商管理库存与联合管理库存的管理模式的实质是供应链成员间签订了具有约束力的协议，形成了库存合作联盟。除此之外，随着经济全球化的发展、信息技术的普及，供应链联盟成员间的联合订货、联合存储库存、库存转运等新的库存联盟在实践中得到广泛应用。

不确定环境下的库存合作联盟得到了广泛的应用和研究。随着科技的进步以及经济全球化的发展，产品的生命周期变得越来越短，特别是时装、电子、电器、软件等行业，其产品的更新速度加快，市场需求不确定性日益加剧。而产品沿着供应链节点移动，更扩大了市场需求不确定的影响，产生了著名的牛鞭效应。为了缓解这个缺点，供应链联盟成员通过信息共享、生产-库存协调等方法组建供应链库存联盟。在随机需求下，对于单公司的库存控制问题，库存决策的核心是对库存积压风险与缺货风险的权衡，报童模型是描述此类决策问题的经典模型。而对于多级供应链库存控制问题，人们把重点放在了库存合作联盟的研究上。虽然可以通过对整个供应链的集中控制来协调供应链库存，但这需要苛刻的条件（完全信息、集中决策、自由物流等），实际上，多级供应链经常运行在一种分散的模式下。对于分散决策的供应链，库存联盟的有效方法是设计某种激励机制，使联盟成员都能从中获益。这种激励机制对应于供应链契约。

目前，有关供应商管理库存与联合管理库存的库存合作联盟的运作机制已经得到了广泛研究，而对新兴的联合订货、联合存储库存、库存转运等库存合作联盟形式的研究尚显不足。正因如此，本书以不确定环境下的库存联盟为背景，以联盟成本分配机制为研究视角，研究供应链库存联盟成本的分配机制。

4.4.2 稳定与激励制衡的供应链联盟成本分配机制

本章提出的基于稳定性与激励性及其制衡的供应链联盟成本分配机制（如图 4-1 所示），是本书的核心内容，具体体现为以下几个方面。

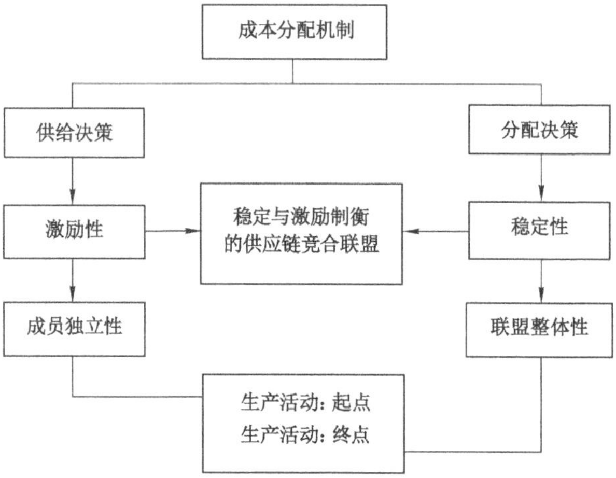

图 4-1　稳定与激励制衡的供应链联盟成本分配机制

（1）考虑供应链联盟合作阶段的成本分配。这时的合作收益已经产生，体现为成本分配的分配决策。因此，我们研究成本分配的稳定性时，应重点分析是否存在分配规则能保证没有联盟成员从大联盟脱离出来，从而保证大联盟是稳定的。

（2）考虑供应链联盟竞争阶段的成本分配。这时的合作收益并未产生，体现为成本分配的供给决策。因此，我们主要研究在不同的成本分配规则之下各联盟成员如何选择行动策略的问题，考察如何通过成本分配规则的选择改善联盟组织的收益，实现供应链协调。

（3）联盟企业间的关系是一种竞合关系。现有理论对于竞合的研究仅限于理论研究阶段，对竞争和合作关系的认识往往比较片面和模糊，将竞争和合作看作孤立的、此消彼长的两个概念，没有真正地将二者有机地结合在一起。供应链联盟内企业之间既不是单纯的竞争，也不是单纯的合作，而是合作与竞争共存。本书研究的供应链联盟是由多个竞争与合作生产活动构成的复杂情形，需要同时考虑成本分配的分配决策与供给决策。

(4) 稳定与激励制衡的成本分配规则。该规则不仅能保证供应链联盟合作阶段的稳定性，还将促使供应链联盟竞争阶段绩效的提高，最终实现供应链联盟稳定、高效运行。

稳定与激励制衡引入供应链联盟成本分配可以优化成本分配理论与方法，其贡献如下。传统会计学的成本分配实务性强和目标细化，但其理论缺陷是过于静态化，没有考虑供应链联盟成本分配的稳定性和动态平衡问题；传统管理科学的成本分配计算精确，但其理论缺陷是成本分配范畴过于狭窄且目标唯一，只承认成员企业之间商业自利假设，不考虑成员企业之间的政治约束性和管理多目标性等假设存在，稳定与激励制衡引入供应链联盟成本分配理论与方法后，可以统一多学科成本分配内涵与外延，理顺成本分配的内在机理。

4.4 本章小结

本章提出了基于稳定性与激励性及其制衡的供应链联盟成本分配机制。

(1) 成本分配贯穿供应链联盟运行的始终，合理的成本分配机制是保证供应链联盟稳定高效的关键。

(2) 稳定性的概念来自合作博弈论。成本分配的稳定性是指：某个联盟的成员如果可以利用自己的资源让自身的境况更好，那么就可以说这个联盟能够改进回报向量。一般来说，一个分配如果不能被任何联盟改进，那么它就是稳定的分配。

(3) 激励性的概念来自非合作博弈的机制设计理论。成本分配的激励性是指:在自由选择、自愿交换的分散化决策条件下,能否并且怎样设计一个合理的成本分配规则,激励联盟成员选择实现联盟组织目标的行动方案。

(4) 不确定环境下的库存合作联盟得到了广泛的应用,以成本分配机制为研究视角,研究其运作机制具有重要的意义。

5 考虑服务水平约束的库存合作联盟稳定性研究

5.1 研究目的与背景

5.1.1 研究目的

本章选取的研究对象是库存横向合作联盟。在库存横向合作联盟中，零售商通过协调订单、重新分配可利用的库存来提高联盟整体的利润。库存横向合作联盟问题，属于库存联盟理论中最具有典型意义的研究问题。本章主要研究服务水平约束条件下的库存合作联盟成本分配问题，旨在解决库存合作联盟的优化策略与成本分配的稳定性问题。

(1) 成本分配的稳定性研究。在本章，我们重点研究库存合作联盟背景下的成本分配稳定性问题。传统成本分配的研究，主要是根据具体问题的具体特点寻找理想的成本分配方案，包括各种经验主义方法、合作博弈的单值解等方法。合作博弈的理论研究表明，理想的成本分配方案虽然体现了某些优点，但其却未必处在核心之中，因而不能保证联盟的稳定性。因此，本章重点研究零售商库存合作联盟成本分配的稳定性，即库存合作联盟核心的非空性问题。

(2) 成本分配决策。集中决策是供应链中常用的一种决策模式,在本章研究的零售商库存合作联盟中,我们假定有一个零售商代表进行集中决策,联盟利益最大化的结果已经产生,需要解决的是成本分配的分配决策问题。

(3) 零售商库存合作联盟的优化运作策略。我们主要讨论了零售商库存合作联盟可以通过协调订单、联合订货来优化合作联盟的利润,证明了联盟最优运作决策的存在和唯一性。

5.1.2 研究背景

随着科学技术的快速发展和人们生活水平的提高,产品市场需求的不确定性越来越强,特别是时装、电子、电器、软件等短生命周期的产品,往往会出现上一代产品还在热销,下一代性能更好、功能更强的产品就已上市的现象。西方学者早已进行此类短生命周期商品销售问题的研究,并将这种问题模型称为报童模型。经典的报童模型可以描述为一个决策者如何在需求不确定性环境下确定最优的产品库存量以使自身的利润最大化。随着供应链管理理念的发展,对报童模型的研究扩展到纵向两级供应链、三级供应链下的契约设计与供应链协调问题。目前,纵向的库存合作已经得到广泛的研究与应用,如从机制设计角度研究供应链协调、买卖双方的业务协调等,讨论集中决策与个体决策的差异,应用非合作博弈讨论均衡问题等。在实践中,联合采购、连锁零售商的库存集中化管理、库存转运等横向库存合作联盟有了越来越多的应用,而理论上对横向库存合作联盟的研究还甚为不足。

以一个分散式跑鞋销售网络为例:某种跑鞋在亚洲制造,而在美国进行销售。因为较长的产品设计时间与产品运输距离,每个零售商需要在需求实现之前决定自己的订购数量。一段时间之后,跑鞋到达美国的中转仓库,而同时零售商也明确了自己的需求量,如果零售商之间能形成联盟,在需求实现之后重新分配他们的订单,则零售商的整体收益将会增加。问题是他们之间的联盟是稳定的吗?是否存在一种分配方案可以保证联盟的稳定性?上述情景描述的是零售商共享库存的问题,该问题在短生命周期产品的销售活动中广泛存在。

本章将应用合作博弈中核的概念来解决上述问题。核是合作博弈中最重要的解概念,其必须同时满足集体理性、个体理性与联盟理性三个公理性质。核提供了一系列稳定的利润分配方案以保证没有成员有动力偏离大联盟。也就是说,如果核非空,则至少存在一种利润分配可以保证大联盟是稳定的。本章在斯莱克(2005)[83]的基础上构建了考虑最小服务水平约束的零售商库存利润合作博弈模型,重点研究了核的非空性。

5.2 库存成本分摊合作博弈模型

在不考虑偏好的情况下,库存合作联盟的成本分配与收益分配是严格等价的。学者们对非确定环境下零售商库存共享联盟的研究,首先关注的是库存合作联盟的成本分配问题。本节回顾了经典的库存成本分摊合作博弈模型,作为分析 5.3 节的库存利润分配合作博弈模型的铺垫。

非确定需求下,零售商库存共享联盟的核心是否非空的研究得到了很多学者的关注。许多文献研究了非确定需求下库存集中优化与成本节约分配问题,建立了库存成本分摊合作博弈模型。哈特曼等(2000)最早对随机需求下报童模型的集中化进行研究,证明了在零售商的产品需求分布符合多元联合正态分布的条件下,库存成本分摊合作博弈非凹,但是其有非空的核心。[81]下面我们以哈特曼等的模型为例,介绍库存成本分摊合作博弈模型。

考虑有多个零售商在销售同一种产品,这种产品(报童类产品)是时效性较强的产品,短生命周期,产品的需求是随机的。在销售季节开始之前,每一个零售商都订购了一定数量的产品。因为需求是随机的,因此,在需求实现之后和销售季节结束之后,每一个零售商都将面临两种情形:① 订购产品的数量不能够满足需求,导致缺货,产生缺货成本;② 订购产品的数量超过实际需求,导致产品积压,产生库存成本。

一般地，我们考虑一个集合 $N(N=\{1,2,\cdots,n\})$，有 n 个零售商 i。每个零售商 $i(i\in N)$的需求都是一个非负的随机变量 x_i，其密度函数、分布函数分别为 f_i、F_i，数学期望为 u_i。每单位未卖掉的库存成本为 $h(h>0)$，每单位的缺货成本为 $p(p>0)$。这两项成本对所有的零售商都是相同的，没有订货成本与数量折扣。每个零售商都独立地决定期初的订货数量，以实现其期望利润最大化（支出最低成本）。那么，对于确定的订货数量 q 所发生的成本为：

$$\psi(x,q)=\begin{cases}h(q-x), & q\geqslant x\\ p(x-q), & q<x\end{cases} \tag{5-1}$$

进一步考虑一个联盟 S(S⊂N)，面临着一个联合需求 $x_S\left(x_S=\sum_{i\in S}x_i\right)$，其联合分布为 F_S，期望值为 u_S。那么，当联盟 S 的联合需求为 x_S、订购数量为 q 时，联盟 S 的成本为：

$$\psi(x_S,q)=\begin{cases}h(q-x_S)\\ p(x_S-q)\end{cases} \tag{5-2}$$

这样，我们可将联盟 S 的最优订购数量表示为：$q_S^*=\arg\min_q E[\psi(x_S,q)]$，将联盟的最优期望成本表示为：$c(S)=E[\psi(x_S,q_S^*)]$。

我们把上述模型称为零售商库存成本分摊合作博弈模型，哈特曼等证明了其在正态分布条件下核心非空。穆勒等(2002)扩展了上述模型，证明了在所有的随机需求分布之下，库存成本分摊合作博弈的核心非空，即此库存集中化模型存在稳定的分配集合，大联盟是稳定的。[82]

5.3 考虑服务水平约束的库存合作联盟及其稳定性

5.3.1 考虑最低服务水平的必要性

斯莱克(2005)丰富了成本分配合作博弈模型，并将其转化为单阶段的利润分配合作博弈模型。斯莱克通过假定零售商在需求实现之后可以通过转运实现合作，证明了即使零售商有着不同的批发价和零售价的情况下，相关库存联盟收益分配合作博弈的核心也非空。本节在斯莱克的基础上，构建了考虑最低服务水平约束的库存收益分配合作博弈模型。

目前，多数学者在研究企业的运营管理问题时，简单地以追求成本最低或利润最大为目标，忽视了顾客的服务水平。然而，随着市场竞争的日益激烈，顾客成为稀缺资源。有调查显示：70% 的企业认为顾客服务水平的高低是决定他们运营成败的关键。将企业利益和顾客服务水平统筹考虑，不仅是目前运营管理研究的一个重要发展趋势，也是企业面对现实市场竞争的必然要求。考虑服务水平约束的运营管理已成为近年来学术研究领域的前沿和热点。本书在斯莱克的基础上进行扩展研究，引入服务水平（需求满足率）约束，使零售商在追求利润最大化的同时也要考虑对顾客的服务水平。

我们将考虑最低服务水平约束的重要性概括如下：① 可以确保在当地的竞争力。零售商需要保留部分数额的专用库存，以便维持在当地市场的竞争力。② 保证一定的顾客服务水平。维持一定数量的最小库存，有利于保证一定水平的顾客服务水平。③ 确保获得一些收入的需要。零售商为了维持自身的运作，需要继续保持在当地市场的活跃性，而不是在销售季节结束后获得一定量的补偿。

因此，我们考虑的不是完全共享库存，而是零售商形成库存共享联盟，并且每个零售商都会要求有一个最小数量的专用库存。保存一定数量的专用库存，可以保证零售商维持某种最低水平的顾客服务。因此，本书的研究不同于标准的报童模型，每个零售商都要保存一个最小数量的库存，这个数量我们标记为 $\varepsilon_i(i\in N)$，以保证零售商的最低服务水平。在单周期报童模型中，ε_i 可以看作零售商为满足某种服务水平的最小订购数量。

5.3.2　考虑服务水平约束的库存合作联盟

考虑一个供应商与 n 个零售商组成的分散式供应链系统。合作之前，每个零售商独立地面临随机需求，在需求实现之前，零售商需要决定订货量以使利润最大化。一段时间之后，货物已到达仓库，在需求实现之后，货物将被配送到各个零售商。合作之后，零售商形成库存合作联盟，进行集中决策，以零售商整体利润最大化为目标。因此，在零售商库存合作联盟中，我们假定有一个集中决策者(可以是虚拟的，可以是供应商，也可以是零售商联盟代表)进行集中决策，实施强制库存转运。零售商可以通过协调订单、重新分配可利用的库存来提高利润。

我们考虑一个集合 $N(N=\{1,2,\cdots,n\})$，有 n 个下游零售商。每个零售商 $i(i\in N)$ 的需求都是一个非负的随机变量 X_i，其密度函数、分布函数分别为 f_i、F_i，数学期望为 u_i。随机变量之间是相互独立的。零售商 $i(i\in N)$ 需求的实际值为 x_i，需求实现前零售商 i 的订货量为 q_i，订购成本为 c_i，销售价格为 p_i，几个零售商可以联合起来订货，他们设有中心仓库 w，即零售商联盟通过中心仓库向供应商统一订货。一段时间之后，货物到达仓库，各个零售商的需求信息已经更新，中心仓库可以根据更新的需求信息进行分配货物，假定每单位产品从中心仓库送达零售商 $i(i\in N)$ 所需要的运输费用为 f_{wi}。

假设 $S(S\subseteq N)$ 是由多个零售商组成的横向库存合作联盟，他们联合决定订货向量：

$$q^S \in Q^S = \{q \in R^N \,|\, q_i = 0, i \notin S \text{ 且 } q_i \geqslant \varepsilon_i, i \in S\}$$

假定 $q_S\left(q_S = \sum_{i\in S} q_i\right)$ 是零售商联盟 S 总的订购量，考虑到服务水平的约束有 $q_S \geqslant \sum_{i\in S}\varepsilon_i$；假设零售商联盟 S 所面临的需求为 $X^S[X^S = (X_i)_{i\in S}]$，其中，$X_i \geqslant 0, i \in S$，其所对应的需求实际值是 $x^S[x^S = (x_i)_{i\in S}]$，其中，$x_i \geqslant 0, i \in S$；需求实现之后(需求信息更新之后)，存在着对总订货量的一个重新分配方案 A^S，它是一个向量，$A^S \in M^S(q^S) = \left\{ A^S \in R_+^N \,\middle|\, A_{wi}^S = 0, i \notin S; \sum_{i\in S} A_{wi}^S = q_S, i \in S \right\}$，$A_{wi}^S \geqslant \varepsilon_i$。这里 A_{wi}^S 表示从中心仓库分配到零售商 i 的商品数量。

因此，当需求实现之后，零售商库存合作联盟的总利润为：

$$\pi^S(A^S, q^S, x^S) = -\sum_{i\in S} q_i^S c_i + h^S(A^S, q^S, x^S) \tag{5-3}$$

其中，$h^S(A^S,q^S,x^S)=-\sum_{i\in S}A^S_{wi}f_{wi}+\sum_{i\in S}p_i\min\{A^S_{wi},x^S_i\}$。

下面通过性质 5.1，说明当实际需求实现之后，存在对零售商库存合作联盟的订货向量 $q^S(q^S\in Q^S)$的最优重新分配方案 A^S，使得零售商库存合作联盟 S 的利润达到最大。

性质 5.1 考虑一个多元组$(N,X_i,c_i,p_i,f_{wi},\varepsilon_i)$，对于给定的实际需求向量 $x^S[x^S=(x_i)_{i\in S}]$与订货向量 q^S，存在 $A^S\in M^S(q^S)$，使得联盟 S 的$h^S(A^S,q^S,x^S)$最大。

证明：由于 $h^S(A^S,q^S,x^S)$是关于 A^S 的连续函数，而 $M^S(q^S)$是非空紧集，由于非空紧集上的连续函数必有最值，因此，命题得证。

假定最优的转运方案是 A^{S*}，这样联盟 S 的最优利润可以表示为：

$$\pi^S(q^S,x^S)=-\sum_{i\in S}q^S_ic_i+h^S(A^{S*},q^S,x^S) \tag{5-4}$$

进一步地，我们用 $r^S(q^S,x^S)$来表示 $h^S(A^{S*},q^S,x^S)$，对于随机需求，其期望利润可表示为：

$$\bar{\pi}^S(q^S,X^S)=E[\pi^S(q^S,X^S)] \tag{5-5}$$

$$R^S(q^S,X^S)=E[r^S(q^S,X^S)] \tag{5-6}$$

因此，$\bar{\pi}^S(q^S,X^S)=-\sum_{i\in S}q^S_ic_i+R^S(q^S,X^S)$

在下面的定理中，我们将证明存在有限的最优订货向量 q^{S*}，使得零售商库存合作联盟 S 的期望利润达到最大。

定理 5.1 存在有限的最优订货向量 q^{S*} 和最大利润 $\bar{\pi}^S(q^S,X^S)$。

证明：首先证明 $\bar{\pi}^S(q^S,X^S)$是关于 q^S 的连续函数；然后证明最优的订货量是有限的，即不是无穷大。因此，联盟 S 可以在有限的连续区间上存在最优的订货量。

定义 $c_S=\max_{i\in S}(c_i)$，$p_S=\max_{i\in S}(p_i)$，对于 $\forall\varepsilon>0$，取 $\delta=\frac{\varepsilon}{(c_S+p_S)|S|}$。令 $q^{S'}\in Q^S$，且其欧几里德范数 $|q^S-q^{S'}|<\delta$。进一步令 $q_i^{\max}=\max\{q_i,q'_i\}$，$q_i^{\min}=\min\{q_i,q'_i\}$，$i\in N$，则有：

$$
\begin{aligned}
&|\bar{\pi}^S(q^S, X^S) - \bar{\pi}^S(q^{S\prime}, X^S)| \\
&\leqslant c_S \sum_{i\in S} |q_i - q'_i| + |R^S(q^S, X^S) - R^S(q^{S\prime}, X^S)| \\
&\leqslant c_S \sum_{i\in S} |q_i - q'_i| + |R^S(q_i^{\max}, X^S) - R^S(q_i^{\min}, X^S)| \\
&\leqslant (\sum_{i\in S} |q_i - q'_i|)(c_S + p_S) \\
&\leqslant |q^S - q^{S\prime}| |S| (c_S + p_S) \\
&< \varepsilon
\end{aligned}
$$

因此 $\bar{\pi}^S(q^S, X^S)$是订购量 q^S 的连续函数。

接下来证明任何不在有限的连续区间内的订货量的利润均低于订购量为$\sum_{i\in S}\varepsilon_i$时的利润。

令 $a^S = \dfrac{\max_{i\in S} p_i}{\min_{i\in S} c_i}\left[\sum_{i\in S}E(X_i) + \sum_{i\in S}E(X_i^-)\right]$，其中 $X_i^- = \max\{-X_i, 0\}$。

于是对所有的 $q(q\in Q^S$，且 $q > a^S)$，我们有

$$
\begin{aligned}
&\bar{\pi}^S(q, X^S) \leqslant -q \cdot \min_{i\in S}\{c_i\} + \max_{i\in S}\{p_i\} \cdot E(X_i) \\
&< -p_S \cdot \sum_{i\in S} E(X_i) \\
&\leqslant \bar{\pi}^S\left(\sum_{i\in S}\varepsilon_i, X^S\right)
\end{aligned}
$$

因此，最优订货量存在，且在连续区间$\left\{q\in Q^S \middle| \sum_{i\in S}\varepsilon_i \leqslant q \leqslant a^S,\ \forall i\in S\right\}$中。

根据定理 5.1 的讨论，可以定义如下库存联盟收益分配合作博弈模型，它的特征函数是每个合作联盟所能获得的最大期望利润。

考虑一个多元组$(N, X_i, c_i, p_i, f_{wi}, \varepsilon_i)$，记 $\Gamma = (N, X_i, c_i, p_i, f_{wi}, \varepsilon_i)$是一个库存合作模型，则其相关的库存联盟收益分配合作博弈(N, v^Γ)可定义如下：

$$
v^\Gamma(S) = \max_{q^S\in Q^S} \bar{\pi}^S(q^S, X^S),\ \forall S \subseteq N \tag{5-7}
$$

为了更加清晰地说明本章的库存联盟收益分配合作博弈模型，举例如下。

例 5.1 考虑一个只有两个成员的库存联盟收益分配合作博弈模型。记多元组 $\Gamma[\Gamma=(N,X_i,c_i,p_i,f_{wi},\varepsilon_i)]$，其中，$N=\{1,2\}$，$c_1=c_2=1$，$p_1=p_2=14$，$f_{w_1}=f_{w_2}=0$，$\varepsilon_1=\varepsilon_2=0$。$X_1$ 与 X_2 相互独立，且具有相同的需求分布函数：

$$p_1(x)=\begin{cases}0, & x\notin[0,1]\\ 6/7, & x=0\\ 1/7, & x=1\end{cases}$$

容易知道，X_1 的关键分位数 $\frac{p_1-c_1}{p_1}=\frac{13}{14}$，因此联盟$\{1\}$最优订货量为 1。相应地，联盟$\{1\}$的最大利润为：

$$\bar{\pi}^{\{1\}}(1,X_1)=-1\times1+\frac{1}{7}\times1\times14=-1+2=1$$

很明显，联盟$\{2\}$与联盟$\{1\}$有着相同的最优订货量和最大利润。用相同的计算方法可知，联盟$\{(1,2)\}$的最优订货量也为 1，因为转运成本为 0，所以任何满足 $q_1+q_2=1$ 的订货量 q 都有着最大利润：

$$\bar{\pi}^{\{1,2\}}(q,X^{\{1,2\}})=-1\times1+\frac{13}{49}\times1\times14=2\frac{5}{7}$$

可以看出，通过两个成员的合作，联盟的成本得以降低，其最大利润从 2 增加至 $2\frac{5}{7}$。

通过以上分析可知，多元组 $\Gamma[\Gamma=(N,X_i,c_i,p_i,f_{wi},\varepsilon_i)]$的库存联盟收益分配的合作博弈模型为$(N,v^\Gamma)$，其可以描述为：

$$v^\Gamma(S)=\begin{cases}0, & S=\varphi\\ 1, & |S|=1\\ 2\frac{5}{7}, & S=N\end{cases}$$

可以验证，此库存联盟收益分配的合作博弈模型是平衡的，即有一个非空的核心，核心为 $x_1\geqslant1$，$x_2\geqslant1$ 且 $x_1+x_2=2\frac{5}{7}$，如 $x=\left(\frac{19}{14},\frac{19}{14}\right)$属于核心。

5.3.3 库存合作联盟的稳定性

上文我们定义了库存联盟收益分配的合作博弈模型及其特征函数，得知：当存在一个集中决策者进行集中决策时，相应的联盟最优运作方案是存在的。下面我们将研究零售商库存联盟收益分配合作博弈的核心是否非空，即是否存在分配方案能保证大联盟的稳定性。事实上，核的存在性条件比较严格，可通过下面的定理来判断核心是否非空。

定义 5.1 由 N 的非空子集所组成的集合 B 是一个平衡的集合，如果对于 $\forall S(\forall S\in B)$，总存在正数 λ_S，使得 $\sum\limits_{S\in B}\lambda_S 1_S = 1_N$ 成立。其中，λ_S 为 B 中元素 S 的权重；1_S 为元素为 0 或 1 的向量，与 S 中的元素对应的为 1，否则为 0。

定义 5.2 合作博弈(N,v)是一个平衡的博弈，对于任意平衡的集合 B 及其权重 $\{\lambda_S\}_{S\in B}$，总有：$v(N) \geqslant \sum\limits_{S\in B}\lambda_S v(S)$。

定理 5.2 邦达雷瓦-夏普利定理。合作博弈(N,v)的核非空的充要条件为该博弈是平衡的。

核非空与平衡博弈互为充要条件，这一点非常重要，常被用来判断核的非空性。

因此，要证明核心非空，只需要证明零售商库存联盟收益分配的合作博弈是完全平衡的。

定理 5.3 零售商库存联盟收益分配的合作博弈(N,v^{Γ})是平衡的。

证明：设 $k:2^N\backslash\{\varphi\}\to[0,1]$ 是一个平衡映射。$X^N=(X_i)_{i\in N}$，由于 k 是平衡映射，因此，$\sum\limits_{S\subseteq N;S\neq\varphi} k(S)1_S = 1_N$，$\sum\limits_{S\subseteq N;S\neq\varphi} k(S)X_i^S = X_i$。

首先证明 $\bar{\pi}^N\Big[\sum\limits_{S\subseteq N;S\neq\varphi} k(S)q^{S*},\sum\limits_{S\subseteq N;S\neq\varphi} k(S)X^S\Big]\geqslant\sum\limits_{S\subseteq N;S\neq\varphi}\bar{\pi}^S[k(S)q^{S*},k(S)X^S]$。

记 x^N 是大联盟的一个需求实现向量，x^S 是任意联盟 $S(S\subset N)$ 的需求实现向量。用 A^{S*} 表示在需求实现 x^S 与订货量 q^{S*} 都给定情况下的最优分配方案。进一步地，用 B^{N*} 表示在大联盟需求实现 $\sum\limits_{S\subseteq N;S\neq\varphi} k(S)x^S$ 与订货量 $\sum\limits_{S\subseteq N;S\neq\varphi} k(S)q^{S*}$ 都给定情况下的最优分配方案。

因此有：

$$r^N\Big[\sum_{S\subseteq N;S\neq\varphi}k(S)q^{S*},\sum_{S\subseteq N;S\neq\varphi}k(S)x^S\Big]$$

$$=h^N\Big[B^{N*},\sum_{S\subseteq N;S\neq\varphi}k(S)q^{S*},\sum_{S\subseteq N;S\neq\varphi}k(S)x^S\Big]$$

$$\geqslant h^N\Big[\sum_{S\subseteq N;S\neq\varphi}k(S)A^{S*},\sum_{S\subseteq N;S\neq\varphi}k(S)q^{S*},\sum_{S\subseteq N;S\neq\varphi}k(S)x^S\Big]$$

$$\geqslant\sum_{S\subseteq N;S\neq\varphi}h^S[k(S)A^{S*},k(S)q^{S*},k(S)x^S]$$

$$=\sum_{S\subseteq N;S\neq\varphi}r^S[k(S)q^{S*},k(S)x^S]$$

由上式，可得：

$$\overline{\pi}^N\Big[\sum_{S\subseteq N;S\neq\varphi}k(S)q^{S*},\sum_{S\subseteq N;S\neq\varphi}k(S)X^S\Big]\geqslant\sum_{S\subseteq N;S\neq\varphi}\overline{\pi}^S[k(S)q^{S*},k(S)X^S]$$

另外，记 q^{N*} 为大联盟 N 的最优订购量。又由于

$$v^\Gamma(N)=\overline{\pi}^N(q^{N*},X^N)$$

$$\geqslant\overline{\pi}^N\Big[\sum_{S\subseteq N;S\neq\varphi}k(S)q^{S*},\sum_{S\subseteq N;S\neq\varphi}k(S)X^S\Big]$$

$$\geqslant\sum_{S\subseteq N;S\neq\varphi}k(S)\pi^s(q^{S*},X^S)$$

$$=\sum_{S\subseteq N;S\neq\varphi}k(S)v^\Gamma(S)$$

因此，合作博弈(N,v^Γ)是平衡的。

根据定理 5.2 可知，库存联盟收益分配的合作博弈(N,v^Γ)核心非空，即至少存在一种分配方法可以保证没有联盟成员有动力偏离大联盟。因此，我们所构建的考虑最低服务水平约束的零售商库存合作联盟是稳定的。

5.4 数值算例

以长三角地区销售欧洲某知名品牌跑车的三家零售店为研究对象，分析其库存合作联盟的稳定性问题。这三家零售店独立经营、分散决策，在其

销售过程中经常遇到缺货与滞销等供需不匹配的问题，而从欧洲进口跑车需要等待较长的产品设计时间与产品运输距离，因此他们通过组建库存联盟，较好地平衡了产品供需，增加了联盟的总收益。经调查，相关参数如下：

$\Gamma=(N, X_i, c_i, p_i, f_{ui}, \varepsilon_i)$，其中，$N=\{1,2,3\}$，$c_i=1$，$p_i=2$，$f_{ui}=0$，$\varepsilon=(1,0,0)$。$X_i(i=1,2,3)$相互独立，具有离散的需求分布函数，如表 5-1 所列。

表 5-1 零售商的需求分布

成员	X	p
1	0	0.3
	1	0.7
2	0	0.3
	1	0.7
3	0	0.1
	1	0.9

经计算，可得相应库存联盟的最优订货量与合作博弈的特征值，如表 5-2 所列。

表 5-2 库存合作博弈的最优订货量与特征值

S	q^{S*}	$v^{\Gamma}(S)$
{1,2,3}	2	1.718
{1,2}	1	0.82
{1,3}	2	1.2
{2,3}	2	1.2
{1}	1	0.4
{2}	1	0.4
{3}	1	0.8

由表 5-2 可知，此库存联盟的合作博弈模型是平衡的，即有一个非空的核心，核心为 $x_1\geqslant 0.4$，$x_2\geqslant 0.4$，$x_3\geqslant 0.8$，$x_1+x_2\geqslant 0.82$，$x_1+x_3\geqslant 1.2$，

$x_2+x_3\geqslant 1.2$，且 $x_1+x_2+x_3=1.718$。比如，$x=(0.41,0.41,0.898)$属于核心。

5.5 本章小结

本章主要研究了考虑服务水平约束的零售商库存合作联盟的稳定性问题。

(1) 回顾了经典的零售商库存成本分摊合作博弈模型。假定多个零售商进行集中化库存管理，则其对应的库存成本分摊合作博弈，在所有的随机需求分布之下，其核心都是非空的，从而保证了大联盟的稳定性。

(2) 在考虑服务水平约束的条件下，构建了 n 个零售商组成的库存合作利益分配博弈模型，零售商可以通过协调订单、重新分配可利用的库存来提高利润。首先，证明了当实际需求实现之后，存在对零售商库存合作联盟总订货量的最优重新分配方案，使得零售商库存合作联盟的利润达到最大；然后，证明了在需求实现之前，存在对零售商库存合作联盟的最优订购向量，使得零售商联盟的利润达到最大。因此，零售商库存合作联盟存在最优的运作策略。

(3) 研究了零售商库存合作联盟核心的非空性。通过证明零售商库存联盟的合作博弈满足完全平衡性，说明零售商库存合作联盟的核心是非空的，即至少存在一种分配方案可以保证零售商大联盟是稳定的。同时，进行了数值实验，验证了相关性质。

6 基于分配集的双渠道库存转运协调机制研究

6.1 研究目的与背景

6.1.1 研究目的

本章选取的研究对象是双渠道供应链。随着网络零售行业的发展，双渠道供应链已经成为研究热点。我们以利润分配机制为逻辑起点，研究分散决策下双渠道库存转运协调机制的问题。

(1) 成本分配的激励性研究。如何使分散式供应链达到集中式供应链的绩效、提高供应链效率、实现供应链协调，是供应链管理研究的核心问题。契约设计是激励分散式供应链联盟成员的决策与集中式供应链联盟成员的决策一致的关键，而成本分配的供给决策则是契约设计的核心。本章重点研究如何使用事后的成本分配来设计供应链契约，提高分散式供应链的绩效，实现供应链协调。

(2) 成本分配决策。分散决策是供应链一种重要的决策模式。与集中决策下的供应链相比，分散式供应链联盟成员的行动策略取决于成本分配规则。合适的分配规则将激励分散式供应链联盟成员采取与联盟组织目标一致的行动策略，提高供应链联盟的效率，实现供应链协调。

(3) 双渠道供应链库存转运的运作策略。构建由单供应商与单零售商组成的双渠道库存转运模型，分析集中决策与分散决策情形下的订货决策与利润，指出分散决策有转运时的最优订货量是转运价格的函数，分散决策与集中决策时的库存水平并不一致，因而其利润也低于集中决策时的利润。

6.1.2 研究背景

家电行业双渠道供应链通常是指同时开展线上和线下分销渠道形成的家电产销供应链系统。随着电子商务的快速发展，传统家电制造商业模式已经落伍，需要从线下家电制造企业转向互联网平台家电制造企业的全新商业模式。互联网时代，用户不再是消费者，而是产销者，利益相关各方都可以进入制造环节，家电产销平台是快速配置资源的框架，可以使一流资源无障碍地进入这个平台，这个平台可以制造出符合用户个性化需求的产品。目前，海尔、三星等国内外知名企业正在进行这方面的有益探索。越来越多的家电制造商在保留传统线下销售渠道的同时，开发了能够支持平台制造的线上销售渠道，形成了双渠道分销模式。线上分销渠道的资源与库存由家电制造企业直接管理，而线下分销渠道由传统的实体零售商所掌握。随着产品市场需求越来越难以预测，线上渠道与传统渠道经常会遇到缺货与滞销等供需不匹配的问题，而转运策略是一种库存共享方式，它可以协调参与者之间的需求与供给，实现风险分担，因此在家电行业得到广泛应用。然而，在双渠道供应链中，各分销渠道属于不同的经济实体，其分散的库存转运决策并不能达到集中决策时的利润水平。因此，在双渠道供应链实际运行过程中，如何提高供应链效率、实现供应链协调，成为双渠道供应链研究的核心问题。

本章主要分为三个部分：第一部分是基本模型，研究无转运与分散决策有转运时双渠道的订货量及其利润情况，并指出分散决策有转运时的利润小于集中决策有转运时的利润。第二部分是联盟形成与协调机制，研究得出，基于合作博弈分配集的方法对集中决策有转运时的利润进行分配，可以使分散决策的双渠道供应链达到集中决策时的订货量与利润水平，并且事后的利润分配机制可以通过事前的转运价格来实现。第三部分是案例分析与数值计算。

6.2 基本模型

6.2.1 问题描述与假设

考虑一个家电制造商 m 与一个传统家电实体零售商 r 组成的两级供应链系统，制造商通过线上与线下两种渠道销售同一种产品，线上渠道属于制造商，线下渠道属于传统实体零售商。线上与线下渠道相互独立，假设这两条渠道面临的随机需求为 $D[D=(D_r, D_m)]$，他们分别建立自己的库存，并独立决策库存持有量 $Q[Q=(Q_r, Q_m)]$。进一步假定制造商的单位产品生产成本为 c，单位产品批发价格为 w，单位产品销售价格为 r，缺货惩罚成本为 b，残值为 s，且 $r=(r_r, r_m)$，$b=(b_r, b_m)$，$s=(s_r, s_m)$，令 $r>w>c>s$。

本书的研究将考虑单周期两阶段模型。在模型的第一阶段，各渠道分别订货并制定转运价格 $P[P=(p_{rm}, p_{mr})]$，这里的 p_{rm} 是制造商接受零售商剩余产品的单位支付额。在模型的第二阶段，需求实现，双渠道间进行库存转运，假设单位产品转运成本为 $\tau[\tau=(\tau_{rm}, \tau_{mr})]$，这里的 τ_{rm} 表示零售商转运剩余产品给制造商所需承担的单位运输成本。

根据文献[133]的研究，为了保证只有在一方有剩余库存、另一方有剩余需求时，转运才发生，通常假定，$c<w+\tau_{rm}$，$w<c+\tau_{mr}$，$s_i<s_j+\tau_{ji}$，$r_i+b_i<r_j+b_j+\tau_{ji}$，$i,j=r,m$。进一步地，转运价格的限制条件为：

$$\tau_{ij}+s_i \leqslant p_{ij} \leqslant r_j+b_j \quad i,j=r,m \tag{6-1}$$

6.2.2 无转运时各自的最优订货量及利润

作为一个参考比较的标准，我们首先分析无转运情况下双渠道各自的最优订货量及其利润。定义 $x^+=\max(x,0)$，用 π_r、π_m 与 π_T 分别表示零售商、制造商与双渠道的总利润，上标 n 与 d 分别表示无转运情形和有转运情形，则：

$$\pi_r^n(Q_r)=E\{r_r\min(D_r,Q_r)+s_r(Q_r-D_r)^+-b_r(D_r-Q_r)^+\}-wQ_r \tag{6-2}$$

$$\pi_m^n(Q_m)=E\{r_m\min(D_m,Q_m)+s_m(Q_m-D_m)^+-b_m(D_m-Q_m)^+\}+(w-c)Q_r-cQ_m \tag{6-3}$$

本书假定 w 为外生变量，这样的假定在现实中是常见的。上式(6-2)、(6-3)的最优解为经典的报童模型解 $Q^n[Q^n=(Q_r^n,Q_m^n)]$。

因此，无转运时双渠道总利润可表示为：

$$\pi_T^n(Q)=\pi_r^n(Q_r)+\pi_m^n(Q_m)$$

6.2.3 转运情况下分散决策时各自的利润及其均衡

一般而言，家电行业的双分销渠道分别属于不同的经济实体，如果双方合作进行库存转运，则每个渠道的期望利润不仅取决于其订货量，而且依赖于双方的转运价格 $P[P=(p_{rm},p_{mr})]$。假设从 i 转运至 j 的产品数量为 T_{ij}，且 $T_{ij}=\min[(D_j-Q_j)^+,(Q_i-D_i)^+]$，$i,j=r,m$，则每个渠道的期望利润可以表示为：

$$\pi_r^d(P,Q)=(p_{rm}-\tau_{rm}-s_r)E[T_{rm}]+(r_r+b_r-p_{mr})E[T_{mr}]+\pi_r^n(Q_r) \tag{6-4}$$

$$\pi_m^d(P,Q)=(r_m+b_m-p_{rm})E[T_{rm}]+(p_{mr}-\tau_{mr}-s_m)E[T_{mr}]+\pi_m^n(Q_m) \tag{6-5}$$

式(6-4)和(6-5)经过简单推导即可得到。

假定 $P[P=(p_{rm},p_{mr})]$ 为外生变量，则上述两个渠道的最优订货量问题，可以应用非合作博弈中的纳什均衡理论求解，记两个渠道的反应函数最优库存水平为 $Q^d[Q^d=(Q_r^d,Q_m^d)]$。显然，分散决策下的最优库存水平是以 $P[P=(p_{rm},p_{mr})]$ 为变量的函数，一般而言，其与集中决策时的库存水平并不一致。因此，探讨如何使分散决策下的库存水平达到集中决策时的状况尤为必要。

6.3 联盟形成与协调机制

从上文的分析可以知道，一般来说，由于转运价格的存在，家电制造商和零售商都从自身收益最大化的角度来决定订货量，从而导致了供应链效率的损失。而如果家电制造商和零售商能够达成有约束力的协议，先从总体利润最大化的角度来决定最优订货量，而后双方合理分配集中转运增加的利润，则事后的利润分配方法可以决定事前的转运价格，从而使分散决策的双渠道供应链达到集中决策时的订货量与利润水平，实现供应链协调。

6.3.1 联盟形成与分配集

为方便表述，我们引用如下记号：令 $N(N=\{1,2,\cdots,n\})$ 表示 n 个参与者构成的集合；N 的一个子集 $S(S\subseteq N)$ 称为一个联盟；所有的博弈者均参加的联盟，即联盟 N，称为总联盟。

给定一个有限的参与人集合 N，合作博弈的特征型是有序数对 (N,v)，其中特征函数 v 是从 $2^N(2^N=\{S|S\subseteq N\})$ 到实数集 R 的映射，即 $v:2^N\to R$，且 $v(\varphi)=0$。

一个合作博弈 (N,v) 的分配集 $I(v)$ 是满足非负性、集体理性与个体理性三个公理的分配规则[①]，即：

$$I(v)=\left\{x\in R^N \,\middle|\, \sum_{i\in N}x_i=v(N),\forall i\in N:x_i\geqslant v(\{i\})\right\} \tag{6-6}$$

分配集的利益分配方式表明：任何参与者在联盟中分得的利益都大于他单独行动可获得的利益，因此他有加入联盟的激励。

① 成本公理化研究是成本分配理论发展的前沿领域，它是对夏普利在合作博弈模型的开创性研究以及公平分配的微观经济理论研究的延续。成本分配公理主要包括非负性、集体理性、个体理性、对称性、可加性等。

在双渠道库存转运模型中，如果制造商和零售商能够达成有约束力的协议，他们之间就形成了联盟，其对应于双渠道供应链集中决策的情形。双渠道库存转运集中决策时的利润可表示为：

$$\pi_T^d(Q)=\pi_r^n(Q_r)+\pi_m^n(Q_m)+(r_m+b_m-\tau_{rm}-s_r)E[T_{rm}]+(r_r+b_r-\tau_{mr}-s_m)E[T_{mr}]$$

根据文献[133]，存在最优的订购量 $Q^c[Q^c=(Q_r^c,Q_m^c)]$，可使库存转运的利润最大化①。

根据分配集的定义，可求得本书双渠道库存转运联盟的分配集为：

$$\pi_r^d(P,Q)=\pi_r^n(Q_r^n)+\omega_r[\pi_T^d(Q)-\pi_T^n(Q^n)] \tag{6-7}$$

$$\pi_m^d(P,Q)=\pi_m^n(Q_m^n)+\omega_m[\pi_T^d(Q)-\pi_T^n(Q^n)] \tag{6-8}$$

其中，$\omega_r+\omega_m=1$；$0\leqslant\omega_i\leqslant1$；$i=r$；$m$ 为零售商与制造商分享利润的比例，其大小取决于双方的谈判能力。

6.3.2 协调机制

命题 6.1 当采用分配集方法分配双渠道库存转运集中决策的利润时，$Q^d=Q^c$。

证明：由式(6-7)、式(6-8)可知

$$\frac{\partial\pi_r^d(P,Q)}{\partial Q_r}=\frac{\partial\pi_T^d(Q)}{\partial Q_r},\frac{\partial\pi_m^d(P,Q)}{\partial Q_m}=\frac{\partial\pi_T^d(Q)}{\partial Q_m}$$

因此，当我们采用此分配集方法分配利润时，分散决策的纳什均衡订货数量等于集中决策时的订货数量。

命题 6.1 说明，以合作博弈中的分配集方法分配双渠道库存转运集中决策时的利润，可以实现双渠道协调。然而，由于事后实施利润分配需要花费较大的交易成本，手续烦琐，因此，下文我们将讨论事后的利润分配方法能否通过事前的转运价格来实现。

命题 6.2 对于任何库存持有量 Q，在采用分配集方法进行分配时，令 $E[T_{rm}]=J(Q)$，$E[T_{mr}]=K(Q)$，则转运价格 p_{rm}^*，p_{mr}^* 满足下式条件：

---

① 根据鲁迪的研究，$\pi_T^d(Q)$ 为 (Q_r,Q_m) 的联合凹函数，存在最优的订购量最大化 $\pi_T^d(Q)$。

$$J(Q)p_{rm}^{*}-K(Q)p_{rm}^{*}=[\omega_r(r_m+b_m)+\omega_m(\tau_{rm}+s_r)]J(Q)-[\omega_m(r_r+b_r)+\omega_r(\tau_{mr}+s_m)]K(Q)+\omega_r[\pi_m^n(Q_m)-\pi_m^n(Q_m^n)]-\omega_m[\pi_r^n(Q_r)-\pi_r^n(Q_r^n)] \tag{6-9}$$

证明:解式(6-3)和式(6-5),即可得。

从式(6-9)可知,转运价格是库存持有量 $Q[Q=(Q_r,Q_m)]$的函数,因此,根据我们的利润分配方法,确定了库存持有量后,转运价格也就确定了。另外,根据式(6-1),转运价格应有其可行域 $\Omega(Q)$,于是有命题 6.3。

命题 6.3 对于一个确定的库存持有量 Q,

$$\Omega(Q)=\begin{cases}\max(L_r,\tau_{mr}+s_m)\leqslant p_{mr}^{*}\leqslant\min(L_m,r_r+b_r), & J(Q)\neq 0,K(Q)\neq 0(\text{情形 1})\\ \tau_{mr}+s_m\leqslant p_{mr}^{*}\leqslant r_r+b_r, & J(Q)=0,K(Q)\neq 0(\text{情形 2})\\ \tau_{rm}+s_r\leqslant p_{rm}^{*}\leqslant r_m+b_m, & J(Q)\neq 0,K(Q)=0(\text{情形 3})\end{cases}$$

其中,

$$L_r=-\omega_r(r_m+b_m-\tau_{rm}-s_r)\frac{J(Q)}{K(Q)}-\frac{\omega_r[\pi_m^n(Q_m)-\pi_r^n(Q_m^n)]-\omega_m[\pi_r^n(Q_r)-\pi_r^n(Q_r^n)]}{K(Q)}+\omega_m(r_r+b_r)+\omega_r(\tau_{mr}+s_m)$$

$$L_m=\omega_m(r_m+b_m-\tau_{rm}-s_r)\frac{J(Q)}{K(Q)}-\frac{\omega_r[\pi_m^n(Q_m)-\pi_r^n(Q_m^n)]-\omega_m[\pi_r^n(Q_r)-\pi_r^n(Q_r^n)]}{K(Q)}+\omega_m(r_r+b_r)+\omega_m(\tau_{mr}+s_m)$$

证明:将式(6-9)中的 p_{rm}^{*} 替换至式(6-1)中,可得 $L_r\leqslant p_{mr}^{*}\leqslant L_m$ 与 $\tau_{mr}+s_m\leqslant p_{mr}^{*}\leqslant r_r+b_r$。情形 2 与情形 3 可类似证明。

命题 6.4 $\Omega(Q^c)$非空。

证明:假定 $J(Q)\neq 0,K(Q)\neq 0$。为了证明 $\Omega(Q^c)$非空,对于 $Q=Q^c$,只需要证明$\max(L_r,\tau_{rm}+s_m)<\min(L_m,r_r+b_r)$。从模型的假设可知,$\tau_{rm}+s_r<r_m+b_m$ 与 $\tau_{mr}+s_m<r_r+b_r$,这直接导致 $L_r<L_m$。另外,易知 $\pi_T^d(Q^c)-\pi_T^n(Q^c)+\frac{1}{\omega_r}[\pi_r^n(Q_r^n)-\pi_r^n(Q_r^c)]>0$,从而 $L_r<r_r+b_r$。同理,可证 $\tau_{rm}+s_m<L_m$。而 $J(Q)=0$ 或 $K(Q)=0$ 的情形,根据命题 6.3 是显而易见的。

从命题6.4可知，双渠道库存转运集中决策时的最优订货量与最优利润可以通过事前的转运价格来实现。

6.4　案例分析与数值计算

以江苏一家家电制造上市公司甲销售空调乙的案例为研究对象，调查分析和完善其双分销渠道下库存转运的协调机制。甲公司原本是一家从事空调乙制造的线下传统家电制造企业，2012年后甲公司对产销模式进行了改进：一方面，仍借助于传统实体零售渠道进行销售；另一方面，自己构建互联网平台的在线商店销售自己的产品。随着市场竞争的加剧，产品需求的不确定性增强，传统渠道与线上渠道经常遇到缺货与滞销等供需不匹配问题。由于转运策略能实现快速补货，并能较好地平衡产品供需，因此甲公司采用库存转运策略协调双渠道间的产品供需不匹配问题。根据对上市公司的实地调查和数据采集，选取立柜空调KFR-50LWVF为研究样本，算得相关参数如下（单位：万元）：单位产品生产成本 $c=0.34$，批发价格 $w=0.4$，其他相关参数 $r_r=r_m=0.55$，$b_r=b_m=0$，$s_m=0.26$，$s_r=0.07$，$\tau_{rm}=0.27$，$\tau_{mr}=0.07$，则转运价格为 $(p_{rm},p_{mr})\in[0.33,0.55]$。零售商单位时间内面临的需求为 D_r。

$$D_r=\begin{cases}100,0.3\\200,0.32\\300,0.38\end{cases}$$

制造商面临的需求是确定性需求 D_m，$D_m=100$。

非转运情形下，零售商的期望利润为 $\pi_r^n[Q_r=(100,200,300)]=(15,15.6,0.84)$，制造商的期望利润为 $\pi_m^n[Q_m=(100,200,300)]=(33,25,17)$，因此 $Q^n=(200,100)$。表6-1是双渠道转运联盟集中决策时的整体利润情况。由计算结果可知，最优订货量为 $Q^c=(100,300)$，对应的最优利润为49.76万元。表6-2与表6-3是转运情况下分散决策时制造商与零售商的订货量及利润情况。可以看出，分散决策的纳什均衡订货量并不等于集中决策最优订货量，从而造成供应链效率的损失。

表 6-1 集中决策时立柜空调 KFR-50LWVF 不同订货量下的总利润

供应链总利润（万元）		零售商的订货量（台）		
		100	200	300
制造商的订货量（台）	100	42	48.6	39.84
	200	49.4	48.96	31.84
	300	49.76	40.96	23.84

表 6-2 分散决策时立柜空调 KFR-50LWVF 不同订货量下的制造商利润

制造商的利润（万元）		零售商的订货量（台）		
		100	200	300
制造商的订货量（台）	100	27	33	39
	200	$-4.1+0.7p_{mr}$	$12.46+0.38p_{mr}$	31
	300	$-24.64+1.08p_{mr}$	$4.46+0.38p_{mr}$	23

表 6-3 分散决策时立柜空调 KFR-50LWVF 不同订货量下的零售商利润

零售商的利润（万元）		零售商的订货量（台）		
		100	200	300
制造商的订货量（台）	100	15	15.6	0.84
	200	$53.5-0.7p_{mr}$	$36.5-0.38p_{mr}$	0.84
	300	$74.4-1.08p_{mr}$	$36.5-0.38p_{mr}$	0.84

采用上文提出的合作博弈中的分配集方法对本数值实例进行协调。取 $\omega_r=\omega_m=0.5$，对集中转运时的最优利润进行分配，可得转运价格为 $p_{mr}=53.91$，处于可行域内，并且分散决策的纳什均衡订货量等于集中决策最优订货量，实现了供应链协调。因此，采用事后的分配集利润分配方法可以使分散决策的双渠道供应链实现协调。

6.5　本章小结

本章主要以利润分配机制为逻辑起点，研究与设计分散决策下双渠道库存转运协调机制。

(1) 构建了由单供应商与单零售商组成的双渠道库存转运模型，分析了集中决策与分散决策情形下的订货决策与利润，指出分散决策有转运时的最优订货量是转运价格的函数，分散决策与集中决策时的库存水平并不一致，因而其利润也低于集中决策时的利润。

(2) 提出以合作博弈分配集的方法分配双渠道集中决策时的利润。证明了应用分配集的方法分配双渠道集中决策时的利润将使分散决策的纳什均衡订货数量等于集中决策时的订货数量，可以实现双渠道协调。

(3) 指出事后的利润分配方法能通过事前的转运价格来实现。由于事后实施利润分配需要花费较大的交易成本，手续烦琐，我们证明了事后的利润分配方法将决定事前的转运价格。因此，分散决策的双渠道供应链可以通过设定转运价格实现集中式供应链的订货量与利润。

(4) 以江苏一家家电制造企业为例，分析其双分销渠道下库存转运的协调机制。数值算例表明，采用事后的分配集利润分配方法可以使分散决策的双渠道供应链实现协调。

7 两阶段多零售商库存联盟的竞合博弈研究

7.1 研究目的与背景

7.1.1 研究目的

本章选取的研究对象是分散式多零售商库存转运联盟，主要研究零售商库存转运联盟的成本分配稳定性与激励性的制衡问题。

(1) 成本分配稳定性与激励性的制衡研究。本章研究的是包含合作与竞争两个阶段的库存转运联盟，分析如何通过分配方案的选择实现集中式供应链的绩效。分散式两阶段库存转运联盟若想实现集中式供应链的绩效，需要满足两个条件：一是成本分配方案应该满足稳定性，以保证合作转运阶段所有联盟成员的参与；二是成本分配方案应该能激励联盟成员竞争阶段的行动策略与集中式供应链一致。因此，我们将探讨能否找到同时满足稳定性与激励性的成本分配方案。

(2) 成本分配的分配决策与供给决策。竞合关系是供应链联盟成员最本质的关系，其既竞争又合作的特点要求必须同时考虑成本分配的供给决策与分配决策。对合作转运阶段产生的利润进行分配，此时联盟形成且利润已经产生，体现的是分配决策；在竞争阶段，合作阶段的利润分配方案将决定零售商的最优订货数量，这体现了成本分配的供给决策。因此，竞合博弈的特点要求必须同时考虑分配决策与供给决策。

(3) 两阶段多零售商库存转运联盟的运作策略。分析有转运集中决策系统与有转运分散决策系统的订货决策和转运决策问题，指出在有转运集中决策系统中存在最优的订货量与转运模式系统整体利润最大化，并同时证明了有转运分散决策系统的总利润不大于有转运集中决策系统的总利润。

7.1.2 研究背景

随着环境动态性和消费者需求多样化趋势的日益明显，越来越多的企业意识到，要想生存和发展就必须改变传统的以竞争为中心的战略逻辑，应通过建立联盟与其他企业形成各种竞合关系来超越竞争。联盟企业间的关系是一种竞合关系。供应链联盟内的企业之间既不是单纯的竞争，也不是单纯的合作，而是合作与竞争共存。竞合理论对供应链联盟的形成运作等本质特性进行了有力的阐述，但现有理论对于竞合的研究仅限于理论研究阶段，对竞争和合作关系的认识往往比较片面和模糊，将竞争和合作看作孤立的、此消彼长的两个概念，没有真正地将二者有机地结合在一起，对企业间竞合关系定量的研究还不多见。这些不足在很大程度上影响了对竞合关系的进一步研究。因此，本章以成本分配规则为线索，探讨合作阶段的分配规则对联盟成员竞争阶段行为决策的影响，将合作与竞争的分析统一于两阶段库存合作联盟中。

鉴于此，本章构建了两阶段多零售商库存转运竞合博弈联盟。它主要包括两个阶段：① 订货决策阶段。在需求实现之前，每个零售商都要根据其对市场需求的预测决定订货量。② 转运决策阶段。在需求实现之后，零售商联盟做出转运方案，并分配由此产生的利润。本章主要研究了对偶分配方法与分数分配方法，并分析了其相应的优缺点。在此基础上，我们构造出一种新的分配方法，它既能保证转运阶段大联盟的稳定性，又能激励分散式联盟成员在订货阶段选择与集中式供应链一致的订货量，从而保证联盟的稳定、高效运行。需要指出的是,本章研究库存合作联盟时,考虑的是剩余库存共享,而不是完全共享。完全库存共享指的是,零售商在当地有需求的情况下,也可以运输当地的库存去满足其他零售商的需求。剩余库存共享指的是,只有当地的需求被满足后,剩余的库存才可以参与转运共享。一般而言,中心仓库的库存是完全共享,而零售商的本地库存是剩余共享。

7.2 两阶段多零售商库存转运模型

7.2.1 基本假设

考虑销售同一产品的多个零售商,他们面临的需求都是随机的。在需求到来之前,每个零售商分别建立自己的库存,需求发生后,如果某个零售商缺货,而另一些零售商有库存剩余,则他们之间可以进行库存转运。

假设有 n 个零售商,$i\in N=\{1,2,\cdots,n\}$。零售商 i 面临的随机需求为 D_i;订货量为 X_i;r_i、c_i 和 v_i 分别代表其单位产品零售价格、单位成本与残余价值;Y_{ij}、t_{ij} 分别表示从 i 到 j 的转运数量与单位转运成本,记 $X=(X_1,X_2,\cdots,X_n)$,$D=(D_1,D_2,\cdots,D_n)$,$Y=\{Y_{ij},i,j=1,\cdots,n\}$;$\overline{H}_i$ 表示需求实现之后的剩余库存,$\overline{E}_i$ 表示需求实现之后的未满足的需求,即 $\overline{H}_i=\max\{X_i-D_i,0\}$,$\overline{E}_i=\max\{D_i-X_i,0\}$。

7.2.2 有库存转运的集中决策系统

在分析库存转运联盟的集中决策系统之前,我们先简单地研究没有任何合作的分散式供应链。此时,每个零售商只关心自己的需求,没有转运发生,在这种情形下零售商 i 的利润可以表示为:

$$P_i^1(X_i,D_i)=r_i\min(X_i,D_i)+v_i\overline{H_i}-c_iX_i \tag{7-1}$$

从而可得零售商 i 的期望利润为:$J_i^1(X_i)=E[P_i^1(X_i,D_i)]$,求解得最优订货量为:$X_i^1=\arg\max J_i^1(X_i)$,其对应于经典报童模型的最优解。

库存转运的集中决策系统有两个决策阶段：① 第一阶段，订货决策。在需求 D 实现之前，集中决策者需要决定每个零售商处的订购数量 X。② 第二阶段，转运决策。需求实现之后，剩余库存被转运以满足过多的需求，集中决策者需要决定最优的转运模式，以使转运产生最优的利润。用 $R^c(X,D)$ 表示在给定订货量与需求 (X,D) 的情况下，转运阶段产生的利润。集中化决策系统需要寻求整个系统最优的订货量以及转运模式，可以求解如下。

对于给定的订货量与需求实现以及一个给定的转运模式，系统总利润可以表示为：

$$P^c(X,D,Y)=\sum_{i=1}^{n}[r_i\min\{X_i,D_i\}+v_i\overline{H_i}-c_iX_i]+\sum_{i,j=1}^{n}(r_j-v_i-t_{ij})Y_{ij} \tag{7-2}$$

零售商 i 的利润最大化问题可以描述为：

$$P^c(X,D)=\sum_{i=1}^{n}r_i\min\{X_i,D_i\}+v_i\overline{H_i}-c_iX_i+R^c(X,D)$$

其中，

$$R^c(X,D)=\max_{Y}\sum_{i,j=1}^{n}(r_j-v_i-t_{ij})Y_{ij}$$

$$\sum_{j\in N}Y_{ij}\leqslant\overline{H_i},\quad \forall i\in N \tag{7-3(a)}$$

$$\sum_{i\in N}Y_{ij}\leqslant\overline{E_j},\quad \forall j\in N \tag{7-3(b)}$$

$$Y_{ij}\geqslant 0$$

$$i,j\in S$$

可得零售商 i 的期望利润为：$J^c(X)=E[P^c(X,D)]$，最优解为：$X^c=\text{argmax}\ J^c(X)$，从而系统最大利润可以表示为 $J^c(X^c)$。

根据埃彭(1979)、帕拉尔(1988)、阿努皮迪等(2001)的研究[134-135,121]可知，分散无合作决策系统的利润不大于集中决策系统的利润(证明略)，即 $\sum_{i=1}^{n}J_i^1(X_i^1)\leqslant J^c(X^c)$。

7.2.3 有合作转运的分散决策系统

在有合作转运的分散决策系统中，每个零售商都以自身利益最大化为目标，而不是以整体利益最大化为目标。该决策系统由两个阶段组成，需求实现之前，每个零售商独立地决定自己的订货量；需求实现之后，零售商进行合作转运，并分配由此产生的利润。

有合作转运的分散决策系统可以描述为：

(1) 第一阶段，订货决策。在需求 D_i 实现之前，每个零售商都要决定订购数量 X_i。这个决定是竞争性的，依赖于第二阶段的利润分配规则。

(2) 第二阶段，合作转运决策。需求实现之后，剩余库存被转运以满足过多的需求，库存共享的利润被分配。尽管零售商联盟分配库存转运的利润是在需求实现之后，但是利润分配方法必须在需求实现之前确定好。用 $R^S(X,D)$ 表示对于联盟 $S(S\subseteq N)$ 所能获得的最大转运利润，即

$$R^S(X,D)=\max_{Y}\sum_{i,j\in S}(r_j-v_i-t_{ij})Y_{ij}$$

$$\sum_{j\in S}Y_{ij}\leqslant\overline{H_i},\quad\forall i\in S \qquad [7\text{-}4(a)]$$

$$\sum_{i\in S}Y_{ij}\leqslant\overline{E_j},\quad\forall j\in S \qquad [7\text{-}4(b)]$$

$$Y_{ij}\geqslant 0$$

$$i,j\in S$$

在我们构建的两阶段多零售商库存转运分散决策系统中，要保证联盟稳定、高效运行，实现集中式供应链的绩效，首先需要分散式联盟成员在第二阶段的合作转运行动中共同参与到大联盟中，其次要求分散式联盟成员在第一阶段的订货决策与集中式供应链的订货决策一致。如果联盟成员以收益分配机制来设计供应链契约，则收益分配规则应同时满足稳定性与激励性，才能保证分散式供应链实现集中式供应链的绩效。

7.3 分配规则及性质

据上述分析可知，为了实现集中式供应链的绩效，我们需要寻找一个同时满足稳定性与激励性的分配规则。该分配规则应同时在核心之中，也能激励

分散式联盟成员第一阶段的订货决策与集中式供应链的订货决策一致。

7.3.1 稳定性分配规则

我们应首要考虑合作转运阶段的收益分配决策。在这个阶段，联盟的库存转运利润已经产生，其对应于生产活动的终点，我们考察收益分配的稳定性，以保证零售商参加大联盟的库存转运。进一步地，对于确定的订货量与需求实现(X,D)，用$\varphi_i^A(X,D)$表示在分配规则A之下零售商i从库存转运中分得的利润。根据核心的定义，$\varphi_i^A(X,D)$应满足以下两个公式：

$$\sum_{i=1}^{n}\varphi_i^A(X,D)=R_N^*(X,D) \qquad [7\text{-}5(a)]$$

$$\sum_{i\in S}\varphi_i^A(X,D)\geqslant R_S^*(X,D) \qquad [7\text{-}5(b)]$$

式[7-5(a)]代表集体理性，也就是有效性，表明大联盟转运的收益被完全分配；式[7-5(b)]代表联盟理性，表明任何联盟的收益都不小于其离开核配置而独立出来所能获得的收益。如果式(7-5)成立，则称$\varphi_i^A(X,D)$是核心分配规则。核心分配将保证没有成员从大联盟中脱离出来，且所有的零售商都实施整个系统的最优转运方案。但是，该分配规则核心的非空性并不明显，比如基于事前转运价格的分配并不在核心之中。[121]因此，需要寻找一个分配方法处于核心之中。

根据阿努皮迪等(2001)[121]的研究，基于线性规划的对偶分配解为：

$$\varphi_i^d(X,D)=\lambda_i\overline{H_i}+u_i\overline{E_i}$$

其中，λ_i与u_i分别是限制条件[7-4(a)]与[7-4(b)]的对偶价格，是一种核心分配。因此，我们所研究的库存转运模型的核心总是非空的，即存在稳定性的分配规则。

7.3.2 激励性分配规则

在考虑合作转运阶段的收益分配决策之后，我们应考虑第一阶段的订货决策。在这个阶段，零售商根据分配规则独立地决定订货量，其对应于生产活动的起点，我们应考察收益分配的激励性。零售商应如何决定订货量，以实现自己的利润最大化呢？零售商 i 的利润可以表示为：

$$P_i^A(X,D) = r_i \min(X_i, D_i) + v_i \overline{H_i} - c_i X_i + \varphi_i^A(X,D) \tag{7-6}$$

很明显，零售商的利润取决于订货量 X、需求实现 D，以及相应的库存转运模式及其利润分配方法。记 $J_i^A(X)=E[P_i^A(X,D)]$，这样对于这个确定的分配规则 A 有一个纳什均衡订购决策 X^A，必须满足 $J_i^A(X^A) \geqslant J_i^A(X_i, X_{-i}^A)$，$\forall i \in n$。阿努皮迪等(2001)证明了纳什均衡解的存在性，黄等(2010)给出了纳什均衡解存在的条件[136]。

下面通过定理 7.1，说明分数分配规则满足成本分配的激励性。

定理 7.1 分数分配规则 $\varphi_i^f(X,D)=\gamma_i p^c(X,D)-[r_i \min(X_i, D_i)+v_i \overline{H}_i - c_i X_i]$，$\gamma_i \in (0,1)$，$\sum_{i=1}^{n} \gamma_i = 1$，将导致纳什均衡库存水平与集中决策时的最优解是一致的。

证明：将分数分配规则代入 $P_i^A(X,D)=r_i \min(X_i, D_i)+v_i \overline{H_i} - c_i X_i + \varphi_i^A(X,D)$中，可得：

$$P_i^A(X,D) = \gamma_i P^c(X,D)$$

对等式两边取数学期望，可得：

$$J_i^A(X) = \gamma_i J^c(X)$$

可以看出，分散决策时的纳什均衡库存水平与集中决策时的订货量一致。

7.3.3 同时满足稳定性与激励性的分配规则

分散化合作系统要取得集中化供应链系统的绩效，需要在两个阶段都取得相同的决策效果，即在第一阶段要有相同的订货量，在第二阶段要有相同的库存转运方案。进一步注意到，只要采用属于核心的分配方法，则第二阶段的库存转运方案对于确定的订货量与需求(X,D)是相同的。因此，要取得供应链协调，必须存在一种核心分配方法以使相应的纳什均衡订货量与集中化系统的订货量相同。

前文我们已经证明对偶分配属于核心分配，那么对偶分配机制能否导致第一阶段的纳什均衡订货量与集中式系统的订货量一致呢？

定理 7.2 即使是在联盟成员只有两个时，对偶分配规则也不能导致分散决策的纳什均衡订货量与集中式系统的最优订货量一致。

证明：集中决策系统的利润可以表示为

$$
\begin{aligned}
J^c(X_1,X_2) = & -c_1X_1 + r_1E[\min(D_1,X_1)] + v_1E[\max(X_1-D_1,0)] - \\
& c_2X_2 + r_2E[\min(D_2,X_2)] + v_2E[\max(X_2-D_2,0)] + \\
& (r_1-v_2-t_{21})E\{\max[0,\min(D_1-X_1,X_2-D_2)]\} + \\
& (r_2-v_1-t_{12})E\{\max[0,\min(D_2-X_2,X_1-D_1)]\}
\end{aligned}
$$

对利润求偏导数，可得：

$$
\begin{aligned}
\frac{\partial J^c(X_1,X_2)}{\partial X_1} = & -c_1 + r_1\overline{F}_1(X_1) + v_1F_1(X_1) - \\
& (r_1-v_2-t_{21})\int_0^{X_2}[F_1(X_1+X_2-d_2)-F_1(X_1)]dF_2(d_2) + \\
& (r_2-v_1-t_{12})\int_0^{X_1}\overline{F}_2(X_1+X_2-d_1)dF_1(d_1)
\end{aligned}
$$

$$
\begin{aligned}
\frac{\partial J^c(X_1,X_2)}{\partial X_2} = & -c_2 + r_2\overline{F}_2(X_2) + v_2F_2(X_2) - \\
& (r_2-v_1-t_{12})\int_0^{X_1}[F_2(X_1+X_2-d_1)-F_2(X_2)]dF_1(d_1) + \\
& (r_1-v_2-t_{21})\int_0^{X_2}\overline{F}_1(X_1+X_2-d_2)dF_2(d_2)
\end{aligned}
$$

考虑分散式系统在对偶分配方法之下零售商 1 的利润如下：

$$
\begin{aligned}
J_1^d(X_1,X_2) = & -c_1X_1 + r_1E[\min\{D_1,X_1\}] + v_1E[\max\{X_1-D_1,0\}] + \\
& (r_1-v_2-t_{21})\int_0^{X_2}\int_{X_1}^{X_1+X_2-D_2}(D_1-X_1)dF_1(D_1)dF_2(D_2) + \\
& (r_2-v_1-t_{12})\int_0^{X_1}\int_{X_1+X_2-D_1}^{\infty}(X_1-D_1)dF_2(D_2)dF_1(D_1)
\end{aligned}
$$

对其求偏导数可得：

$$
\begin{aligned}
\frac{\partial J_1^d(X_1,X_2)}{\partial X_1} = & -c_1 + r_1\overline{F}_1(X_1) + v_1F_1(X_1) - \\
& (r_1-v_2-t_{21})\int_0^{X_2}[F_1(X_1+X_2-d_2)-F_1(X_1)]dF_2(d_2) + \\
& (r_1-v_2-t_{21})\int_0^{X_2}(X_2-D_2)f_1(X_1+X_2-D_2)dF_2(D_2) +
\end{aligned}
$$

$$(r_2 - v_1 - t_{12})\int_0^{X_1} \overline{F}_2(X_1 + X_2 - D_1)dF(D_1) -$$

$$(r_2 - v_1 - t_{12})\int_0^{X_1} (X_1 - D_1)f_2(X_1 + X_2 - D_1)dF_1(D_1)$$

$$= \frac{\partial J^c(X_1, X_2)}{\partial X_1} + K(X_1, X_2)$$

其中，

$$K(X_1, X_2) = (r_1 - v_2 - t_{21})\int_0^{X_2} (X_2 - D_2)f_1(X_1 + X_2 - D_2)dF_2(D_2) -$$

$$(r_2 - v_1 - t_{12})\int_0^{X_1} (X_1 - D_1)f_2(X_1 + X_2 - D_1)dF_1(D_1)$$

零售商 2 在对偶分配方法之下的期望利润，与零售商 1 的形式类似，并且其导数为

$$\frac{\partial J_2^d(X_1, X_2)}{\partial X_2} = \frac{\partial J^c(X_1, X_2)}{\partial X_2} - K(X_1, X_2)$$

一般而言，$K(X_1^*, X_2^*) \neq 0$，因此分散决策下的纳什均衡订货量与集中决策时的订货量不一致，命题得证。

由定理 7.2 可知，即使在只有两个零售商的情形下，对偶分配并不能导致供应链协调。因此，一般而言，对偶分配并不能导致分散式系统实现集中式系统的订货量。另外，分数分配规则虽然满足成本分配的激励性，但是易知其可能不是核心分配。

下面，我们通过定理 7.3 构造一个能同时满足稳定性与激励性的分配规则。

定理 7.3 记 $\varphi_i^c(X,D) = \varphi_i^f(X,D) - \varphi_i^f(X^*,D) + \varphi_i^d(X^*,D)$，其中，$\varphi_i^f(X,D) = \gamma_i P^c(X,D) - (r_i \min\{X_i, D_i\} + v_i \overline{H_i} - c_i X_i)$，$X^*$ 为集中决策时的最优订货量，并且对于所有的 $w_i(X^*,D) = \varphi_i^d(X^*,D) - \varphi_i^f(X^*,D)$，这样分配 $\varphi_i^c(X,D)$ 可以使纳什均衡订货量是集中决策时的最优解，且在核心之中。

证明：由定理 7.1 可知，分数分配规则 $\varphi_i^f(X,D)$ 可使纳什均衡库存水平与集中决策时的最优解是一致的。而 $J_i^c(X) = J_i^f(X) + Ew_i(X^*,D)$，可知 $Ew_i(X^*,D)$ 是常数，并不影响纳什均衡库存水平，因此 $\varphi_i^c(X,D)$ 与 $\varphi_i^f(X,D)$ 的

反应函数相同。从而可知，$\varphi_i^c(X,D)$可使纳什均衡库存水平与集中决策时的最优解是一致的。

以下证明 $\varphi_i^c(X^*,D)$在核心之中：已经知道 $\varphi_i^d(X^*,D)$是核心分配，显然 $\varphi_i^c(X^*,D)=\varphi_i^f(X^*,D)-\varphi_i^f(X^*,D)+\varphi_i^d(X^*,D)$也在核心分配之中。

通过定理 7.3，我们找到了一个既属于核心分配，又能实现最优订货量的分配方法，从而使分散化系统实现集中化供应链的绩效。

7.4 数值算例

本书以某时装公司长三角地区的代理零售商为例，对定理 7.3 进行验证。该时装公司生产的女性服饰产品是典型的季节性产品，销售季节开始前各个代理零售商独立订货，销售季节开始后，常常出现有的代理零售商缺货、有的代理零售商库存积压的现象。为了提高运行效率，该公司允许代理零售商之间签订联盟协议进行货物转运，以改善分散式决策水平。假定代理零售商联盟由两个独立订货的代理零售商组成，当一个代理零售商缺货、另一个代理零售商产品积压时，他们按协议进行库存转运，并以此构建两阶段多零售商库存转运竞合模型。我们来分析他们之间供应链收益分配规则，尤其考察收益分配激励性与稳定性之间的关系。相关参数如下：$r_i=10$，$c_i=1.2$，$v_i=-1$，$t_{12}=1$，$t_{21}=2$；每个代理零售商的需求服从[0,200]的均匀分布。

首先计算集中决策供应链系统的最优订货量为：$X^*=(154,124)$。

然后考虑分散决策系统在分数分配规则下的利润情况：

$$\varphi_i^f(X,D)=\gamma_i P^n(X,D)-(r_i\min\{X_i,D_i\}+v_i\overline{H_i}-c_iX_i)$$

其中，

$$P^n(X,D)=\sum_{i=1}^{2}[r_i\min(X_i,D_i)+v_i\overline{H}_i-c_iX_i]+\sum_{i=1}^{2}\sum_{\substack{j=1\\ j\neq i}}^{2}(r_i-v_j-t_{ji})\max[0,\min(\overline{E}_i,\overline{H}_j)]$$

取 $\gamma_1=\gamma_2=0.5$，从定理 7.1 可知，如果代理零售商在转运阶段进行合作，则分数分配规则将实现最优的订货数量 X^*，$X^*=(154,124)$。$\varphi_i^f(X^*,D)$ 是在分数分配规则下以及实现最优订货量时分得的利润。为了计算分配的利润，先计算每个零售商在 X^* 时的额外需求或者剩余库存，可以表示为：

$$\overline{H}_1 = \max\{154 - D_1, 0\}, \overline{E}_1 = \max\{D_1 - 154, 0\}$$

$$\overline{H}_2 = \max\{124 - D_2, 0\}, \overline{E}_2 = \max\{D_2 - 124, 0\}$$

库存转运发生在一个代理零售商有剩余需求、另一个代理零售商有剩余库存时。基于不同的需求实现，有四种基本情形(1,2,3,4)，如表 7-1 所列。表 7-1 同时列出了对应的对偶价格。

表 7-1　不同情形下的对偶价格

情形	事件	λ_1	λ_2	u_1	u_2
1	$\overline{E}_2>\overline{H}_1>0$	10			0
2	$\overline{H}_1>\overline{E}_2>0$	0			10
3	$\overline{E}_1>\overline{H}_2>0$		9	0	
4	$\overline{H}_2>\overline{E}_1>0$		0	9	

由此我们可以计算出四种情形的分数分配规则下每个代理零售商对应的利润，如表 7-2 所列。可以看出，这些分配可能并不处于核心之中，比如考虑区域 1，取 $D_1=150$，可得 $\varphi_i^f(X^*,\vec{D})=-90$($\vec{D}$ 表示一个函数取具体数值)，显然其不处于核心之中。

表 7-2　各零售商在分数分配规则下的分配值

情形	零售商 1 的利润	零售商 2 的利润
1	$1\,485-10.5D_1$	$55+0.5D_1$
2	$95-5.5D_1+5D_2$	$-1\,335+5.5D_1+5D_2$
3	$-256+D_2$	$1\,372-10D_2$
4	$-1\,507+4.5D_1+5.5D_2$	$121+4.5D_1-5.5D_2$

应用定理 7.3，我们可以构造出新的分配规则：

$$\varphi_i^c(X,D) = \varphi_i^f(X,D) - \varphi_i^f(X^*,D) + \varphi_i^d(X^*,D)$$

令 $w_n(X^*,D)=\varphi_i^d(X^*,D)-\varphi_i^f(X^*,D)$，其中，$\varphi_i^d(X^*,D)$是对偶分配方法在最优订货量时的分配方案，表 7-3 列出了 $w_n(X^*,D)$的计算值。

表 7-3 修改分数分配规则的利润

情形	零售商 1 的利润	零售商 2 的利润
1	$55+0.5D_1$	$-55-0.5D_1$
2	$-95+5.5D_1-5D_2$	$95-5.5D_1+5D_2$
3	$256-D_2$	$-256+D_2$
4	$121+4.5D_1-5.5D_2$	$-121-4.5D_1+5.5D_2$

可以验证修改后的分配规则 $\varphi_i^c(X,D)$在核心之中，并且其纳什均衡订货量是集中决策时的最优订货量。

7.5 本章小结

本章构建了两阶段多零售商库存联盟的竞合博弈模型，研究了稳定性与激励性制衡的成本分配机制。

(1) 构建了两阶段多零售商库存转运模型。分析了有转运集中决策系统与有转运分散决策系统的订货决策和转运决策问题，研究了有转运集中决策系统最优的运作策略。

(2) 研究了有转运分散决策系统合作转运阶段的利润分配决策问题。指出对于确定的需求实现与订货量，核心分配方案将促使联盟成员参与大联盟，保证大联盟的稳定，以实现库存转运阶段的利润最大化，并证明对偶分配方法是核心分配。

(3) 证明了即使只有两个成员时，对偶分配规则也不能实现第一阶段最优的订货量。在对偶分配规则的基础上构建了新的分配方法，它既能协调第一阶段的订货决策，又在核心分配之中，使分散化系统实现集中化供应链的绩效，这是同时满足稳定性与激励性制衡的成本分配方法。

(4) 进行算例分析，验证相关性质。

8 三阶段库存转运联盟的利润分配机制及其动态稳定性

8.1 研究目的与背景

8.1.1 研究目的

本章构建了分散式多零售商三阶段库存转运联盟,研究了成本分配的激励性与动态稳定性问题。

(1) 成本分配的动态稳定性与激励性研究。现有的成本分配稳定性研究多是静态的,即假定没有博弈者可以通过一步偏离均衡状态后而马上获益,但这却有可能引发其他博弈者采取一系列行动,从而使得联盟的结构发生根本性变化,因此远视的稳定性分析将更加符合现实。本章拟采用合作博弈中的一些新概念,如最大一致集与联盟形成均衡过程等来分析库存转运联盟在夏普利值分配规则下的远视稳定性问题。

(2) 成本分配的分配决策与供给决策研究。本章在前述两阶段模型的基础上,加入一个零售商可以决定共享剩余需求(库存)的中间阶段,中间阶段的策略也是竞争性的,因此本章也将同时考虑成本分配的供给决策与分配决策。具体而言,对第三阶段产生的利润进行分配,这体现的是成本分配的分配决策；考虑分配方案对第二阶段零售商行动策略的影响，这体现了成本分配的供给决策。

(3) 三阶段零售商库存转运联盟的运作策略。构建了单实体零售商与多网络零售商的三阶段库存转运竞合模型。第一阶段，需求实现之前，零售商独立订货；第二阶段，需求实现之后，决定共享库存的数量；第三阶段，合作转运阶段，库存转运的利润被分配。前两个阶段是竞争性的，依赖于第三阶段的利润分配规则。

8.1.2 研究背景

在现代零售业的商业模式中，网络零售商（网店）的参与变得越来越普遍。然而，由于网络零售的特点，网络零售商不可能拥有较大库存，其理想的库存解决方案是采用实体与网络零售商间的转运模式，即当多网络零售商发生缺货时，由拥有较大库存的实体零售商（实体店）将产品配送给网络零售商。此转运模式在我国家电零售行业广泛应用，网店通常只拥有部分相对畅销的家电产品库存，当其他品种缺货时，则通过大型实体零售商给予转运配送。通常而言，转运模式为网络零售商节约库存成本和提供便利；而对于实体零售商来说，则可以加快库存周转，并扩大与网络零售商的联系。如何分配由转运产生的额外收益一直是联盟成员争论最为激烈的问题之一。什么样的分配方法是合理的利益分配方法？能否找到合理的利益分配方法？这些都是值得我们深入探讨的问题。

本章构建了单实体零售商与多网络零售商的三阶段库存转运竞合模型，同时考虑收益分配的稳定性与激励性，指出一个理想的分配规则应能实现库存转运利润最大化的目标。然而，从近视的观点来看，没有任何一种分配规则既处于核心之中、又同时满足联盟单调性[137]，从而实现库存转运利润最大化的目标。因此，我们在指出夏普利值分配方法可以满足联盟单调性之后，重点分析夏普利值的远视稳定性。研究结果显示，虽然从近视的观点来看，大联盟的夏普利值分配可能是不稳定的，但却是远视稳定的，从而得出夏普利值是一种理想的分配规则。另外，本章的情景还可以理解为，一个大型零售商对周边多个小零售店的库存转运，供应商的电子商务渠道与多实体渠道的库存转运等。因此，本研究具有重要的理论与实践价值。

8.2 基本假设与模型

考虑销售同一产品的单实体零售商与多网络零售商，他们面临的需求都是随机的。在需求到来之前，每个零售商分别建立自己的库存，需求发生后，如果网络零售商缺货，而实体零售商有多余库存，则实体零售商可以将剩余库存转运给网络零售商。这里假定转运是单向的，即实体零售商规模较大、库存充足，其往往既充当零售又承担批发者的角色，而网络零售商规模较小、库存相对不足，这种情形在现实中是广泛存在的。

分别用 r 与 $i(i\in N=\{1,2,\cdots,n\})$ 表示实体零售商与网络零售商；实体零售商 r 面临的随机需求为 D_r，订货量为 X_r，r_r、c_r 和 v_r 分别代表其单位产品零售价格、单位成本与残余价值；网络零售商 i 面临的随机需求为 D_i，订货量为 X_i，r_i、c_i 和 v_i 分别代表其单位产品零售价格、单位成本与残余价值。Y_{ri}、t_{ri} 表示从 r 到 i 的转运数量与单位产品转运成本；$\overline{H}_r$ 表示需求实现之后的剩余库存，$\overline{E}_i$ 表示需求实现之后未满足的需求，即 $\overline{H}_r=\max\{X_r-D_r,0\}$，$\overline{E}_i=\max\{D_i-X_i,0\}$。那么，三阶段库存转运模型可以描述为：

(1) 第一阶段，在需求 D_r、D_i 实现之前，每个零售商独自决定其订购数量 X_r、X_i。这个决策是竞争性的，依赖于第三阶段的利润分配规则。

(2) 第二阶段，在需求实现之后，每个零售商决定参与第三阶段转运的剩余库存(需求)数量，可以用 $H_r\in[0,\overline{H}_r]$，$E_i\in[0,\overline{E}_i]$来表示参与转运的剩余库存(需求)。这个阶段也是竞争性的，依赖于第三阶段的利润分配规则。

(3) 第三阶段，合作转运阶段。在该阶段，剩余库存被转运以满足过多的需求，库存转运的利润被分配。

进一步用(H,E)[$(H,E)=(H_r,E_1,\cdots,E_n)$]表示参与转运的剩余库存(需求)，$R(X,D,H,E,Y)$表示库存转运产生的利润，$N$ 表示全体网络零售商的集合，$S(S\subseteq N)$表示 N 的子集，N_0 表示实体零售商与全体网络零售商组成的大联盟，$S_0(S_0=S\cup r)$表示子联盟，$R_{S_0}^*(X,D,H,E)$表示联盟 S_0 采用转运方案 Y 所能获得的最大利润，即：

$$R_{S_0}^*(X,D,H,E)=\max_{Y}\sum_{i\in S}(r_i-v_r-t_{ri})Y_{ri} \qquad [8\text{-}1(a)]$$

$$\sum_{i\in S}Y_{ri}\leqslant H_r \qquad [8\text{-}1(b)]$$

$$Y_{ri}\leqslant E_i, i\in S \qquad [8\text{-}1(c)]$$

$$Y_{ri}\geqslant 0, i\in S \qquad [8\text{-}1(d)]$$

则零售商 r、i 的利润可表示为：

$$p_r=r_r\min(X_r,D_r)+v_r\overline{H}_r-c_rX_r+\varphi_r(X,D,H,E) \qquad [8\text{-}2(a)]$$

$$p_i=r_i\min(X_i,D_i)+v_i\overline{H}_i-c_iX_i+\varphi_i(X,D,H,E) \qquad [8\text{-}2(b)]$$

这里 $\varphi_r(X,D,H,E)$，$\varphi_i(X,D,H,E)$是库存转运最大利润 $R_{N_0}^*(X,D,H,E)$的分配值。分配规则 φ 需满足有效性：

$$\varphi_r(X,D,H,E)+\sum_{i=1}^{N}\varphi_i(X,D,H,E)=R_{N_0}^*(X,D,H,E) \qquad (8\text{-}3)$$

如果

$$R_{N_0}^*(X,D,H,E)=R_{N_0}^*(X,D,\overline{H},\overline{E}) \qquad (8\text{-}4)$$

我们则说参与转运的剩余库存(H,E)是价值保存的。[122]

在上述三阶段库存转运模型中，第一阶段的订货数量与第二阶段的库存共享数量是零售商独立决策的，它依赖于第三阶段的分配规则。对于一个给定的分配规则，应用非合作博弈的纳什均衡理论可以求解出第一阶段的均衡订货量 X^* 和第二阶段的均衡参与转运剩余库存(H^*,E^*)。

给定库存水平 X，用参与转运剩余库存(H^X,E^X)表示第二阶段的纳什均衡。显然，参与转运剩余库存(H^X,E^X)应该在需求实现之后做出决策，且满足：

$$P_i(X,D,H_r^X,E^X)\geqslant P_i(X,D,H_r^X,E_i,E_{-i}^X)$$

$$P_r(X,D,H_r^X,E^X)\geqslant P_r(X,D,H_r,E^X)$$

$$H_r\leqslant\overline{H_r}, E_i\leqslant\overline{E_i}, \forall i\in N$$

进一步地，假定参与转运剩余库存(H^X, E^X)是价值保存的，用X^*表示第一阶段的纳什均衡，那么X^*必须满足$E[P_j(X^*, D)] \geqslant E[P_j(X_j, X_{-j}^*)]$，$\forall X_j, \forall j \in N_0$。

第一阶段与第二阶段纳什均衡的存在性依赖于具体的分配规则，阿努皮迪(2001)提供了两阶段库存转运模型纳什均衡存在的条件。

8.3 分配规则及性质

根据以上分析可知，第三阶段的利润分配规则是至关重要的，它将决定整个供应链的效率。在本书的三阶段库存转运模型中，一个理想的分配规则应能实现库存转运利润最大化的目标，这需要满足两个条件：① 保证所有零售商的参与(稳定性)；② 激励零售商共享所有的剩余(激励性)。在本章中，这两个条件对应于合作博弈中的两类分配规则：核心分配规则与单调性分配规则。

8.3.1 核心分配规则

如果合作博弈(N_0, v)的一个分配$\varphi(v)$满足：

$$\sum_{j \in N_0} \varphi_j = v(N_0) \qquad [8\text{-}5(a)]$$

$$\forall S_0 \subseteq N_0, \sum_{j \in S_0} \varphi_j \geqslant v(S_0) \qquad [8\text{-}5(b)]$$

则称分配规则φ是一个核心分配。

核心分配具有优良的性质，应用核心分配规则分配利润，大联盟将是稳定的。阿努皮迪(2001)[121]提出库存转运联盟的对偶分配规则，并证明它是核心分配。在本书的库存转运模型中，考虑一个将所有库存转运产生的利润分配给实体零售商的分配规则，不妨称之为强势实体零售商分配，易知其是核心分配。从而可知，本书的库存转运联盟核心非空，即在此种分配规则之下，没有成员愿意脱离大联盟形成子联盟。但是，核心分配也有其明显的缺点，即不满足联盟的单调性[137]。

8.3.2 单调性分配规则

对于合作博弈(N_0,v)和(N_0,w)的某种解而言，如果对于任意的联盟$S_0\subset N_0$满足：当博弈者j处于联盟S_0中时，有$v(S_0)\geqslant w(S_0)$；当博弈者j不处于联盟S中时，有$v(S_0)=w(S_0)$，且$\varphi_j(v)\geqslant\varphi_j(w)$，$\forall j$，则称该种合作博弈的解$\varphi$满足联盟单调性。联盟单调性是一种重要的利润（成本）分配规则。事实上，不满足联盟单调性的分配规则将导致他们降低利润贡献而获得高的利润分配。

夏普利值是一个满足四个公理性质的分配规则，并且其满足联盟单调性，其分配公式如下：

$$\varphi_j(v)=\sum_{S\subseteq N\backslash j}\frac{|S|!(n-|S|-1)!}{n!}\{v[S\cup(j)]-v(S)\} \tag{8-6}$$

以下证明夏普利值在我们的库存转运模型中是价值保存分配。

如果一个分配规则可使联盟所有的参与者选择共享的库存数量，以实现库存转运利润最大化，则该分配规则是保值分配规则。如果一个参与者的剩余库存（需求）能够对转运阶段的最优利润做出贡献，则该参与者是相关的。具体而言，如果$H_r<\sum E_i$，并且对于一些i而言，$r_i-v_r-t_{ri}>0$，$E_i>0$，则该实体零售商r是相关的。同样地，如果$H_r>\sum\limits_{i\neq j}E_j$，并且对于$r$而言$r_i-v_r-t_{ri}>0$，则该网络零售商$i$是相关的。很明显，当分析价值保存分配时，只需要考虑相关的参与者。

在我们的三阶段库存转运模型中，保值分配规则很重要。事实上，非价值保存分配规则的应用，会使参与者共享较少的剩余以增加利润的分配，而这将导致产生较少的总的额外利润。

命题 8.1 如果对于所有的相关参与者j和所有的转运博弈(N_0,v)和(N_0,w)：

$$\left.\begin{array}{l}v(N_0)>w(N_0)\\ v(S_0)\geqslant w(S_0),\forall S_0\subset N_0,j\in S_0\\ v(S_0)=w(S_0),\forall S_0\subset N_0,j\notin S_0\end{array}\right\}\Rightarrow\varphi_j(v)>\varphi_j(w)$$

则该分配规则是价值保存的。

证明：考虑任意一个库存转运博弈(N_0,v)，共享的库存数量为H_j与E_j，让w表示任意一个成员j共享小于其剩余数量的特征函数，以至于$V(N_0)>W(N_0)$。不失一般性的假定j是一个网络零售商，这样存在一个$\varepsilon>0$，对于$E_j-\varepsilon$，$R_N^*(X,D,H,E_j-\varepsilon,E_{-j})<R_N^*(X,D,H,E)$。因为$v(S_0)=R_{S_0}^*(X,D,H,E)$，$w(S_0)=R_{S_0}^*(X,D,H,E_j-\varepsilon,E_{-j})$，这样，对于$\forall S_0\subset N_0$，$v(S_0)\geqslant w(S_0)$，$j\in S$，而不包含$j$的子联盟的值保持不变。如果一个分配规则导致成员$j$不共享小于剩余的数量，这意味着$\varphi$必须满足$\varphi_j(v)>\varphi_j(w)$，则该分配规则$\varphi$是价值保存的。命题得证。

命题 8.2 夏普利值是价值保存分配。

证明：由命题 8.1 以及夏普利值的公式容易得证。

根据杨(1985)有下述定理[137]：

定理 8.1 当合作博弈的参与者人数大于或等于 5 人时，没有任何一种解既满足联盟单调性，又位于核心之中。

综上所述，从近视的观点来看，核心分配规则虽然能保证所有的成员参与大联盟，但是其不满足联盟单调性，将导致总转运利润的降低；而夏普利值虽然满足联盟单调性，但是其可能不是核心解，将导致大联盟的不稳定。因此，无论是选择核心分配规则还是夏普利值分配规则，都需要签订额外的强制协议以保证库存转运产生的利润最大化。然而，从远视的观点来看，如果大联盟的夏普利值分配是远视稳定的，则夏普利值是一种理想的分配方案。

8.4 夏普利值的远视稳定性

8.4.1 远视稳定性

博弈论中的稳定性概念通常是静态的，如非合作博弈中非常著名的纳什均衡，合作博弈中的核、联盟核、议价集、防联盟纳什均衡等。博弈论判断联盟稳定性概念均采用近视和静态的观念，即假定没有博弈者可以通过一步偏离均衡状态后而马上获益，尽管这有可能引发其他博弈者采取一系列的行动，从而使联盟的结构发生根本性的变化。因此，远视的稳定性分析将更加符合现实。

8.4.2 夏普利值的远视稳定性分析

如前文所述，夏普利值是价值保存分配规则，它将促使联盟成员第二阶段库存共享的数量最大化。从近视的观点来看，夏普利值不在核心之中，将导致大联盟的不稳定。本部分主要从远视的观点来分析，在夏普利值分配规则之下，库存转运联盟的稳定性。由于实体零售商剩余供应与多网络零售商剩余需求的之间的关系随着参与者的增多呈指数性增长，分析每一种情形下稳定的联盟结果将是极其困难的工作，因此，本书只研究大联盟的稳定性。为了表述上的方便，记单位产品转运收益为 $p_{ri}=r_i-v_r-t_{ri}$，以下零售商分配的利润都是在夏普利值分配规则之下。

命题 8.3 在任何情形下，实体零售商在大联盟中分得的利润都比在其他任何小联盟中大。

证明：使用归纳法证明。为了表述方便，假定实体零售商的下标号为 1。

当 $n=3$ 时，我们将在 8.5 节中证明实体零售商在大联盟中的收益最大。假定对于 $n-1$ 个参与者命题成立，用 σ_i^{n-1}，$i=1,2,\cdots,(n-1)!$ 表示 $\{1,2,\cdots,n-1\}$ 的一个给定的排序，用 ϑ_i^{n-1} 表示实体零售商在该排序中的边际贡献，这样实体零售商的夏普利值可以表示为：

$$\varphi_1^{n-1}=\sum_{i=1}^{(n-1)!}\frac{\vartheta_i^{n-1}}{(n-1)!}$$

现在考虑 n 个参与者的情形。对于 $n-1$ 个参与者的任一排列 σ_i^{n-1}，假定它们的排列次序不变，网络零售商 n 加入联盟后，共有 n 个对应的排列 $\sigma_{i_j}^n$，$j=1,2,\cdots,n$，网络零售商 n 排在位置 j。这样，有 $\vartheta_i^{n-1}\leqslant\vartheta_{i_j}^n$，而且至少存在一个 js 使得 $\vartheta_i^{n-1}<\vartheta_{i_{js}}^n$，从而，$\vartheta_i^{n-1}<\sum_{j=1}^{n}\vartheta_{i_j}^n/n$，因此

$$\varphi_1^{n-1}=\frac{1}{(n-1)!}\sum_{i=1}^{(n-1)!}\vartheta_i^{n-1}<\frac{1}{(n-1)!}\sum_{i=1}^{(n-1)!}\sum_{j=1}^{n}\frac{\vartheta_{i_j}^{n}}{n}=\frac{1}{n!}\sum_{i=1}^{(n-1)!}\sum_{j=1}^{n}\vartheta_{i_j}^{n}=\varphi_1^{n} \tag{8-7}$$

根据式(8-7)以及归纳法的原理,命题得证。

命题 8.4 当总供应大于等于总需求($\sum_{i\in N}E_i\leqslant H_r$)时,实体零售商、网络零售商的收益表达式分别为 $\varphi_r^{N_0}=\sum_{i\in N_0}\frac{p_{ri}E_i}{2}$,$\varphi_i^{N_0}=\frac{p_{ri}E_i}{2}$。

证明:根据夏普利值的定义,对于每个网络零售商 i,只需要考虑其对包括实体零售商与其自身联盟的贡献,由于总供给大于等于总需求,因此其贡献是 $p_{ri}E_i$,则

$$\varphi_i^{N_0}=\frac{p_{ri}E_i}{(n+1)!}\sum_{j=2}^{n+1}C_{n-1}^{j-2}(j-1)!(n+1-j)!=\frac{p_{ri}E_i}{(n+1)!}\times\frac{(n+1)!}{2}=\frac{p_{ri}E_i}{2}$$

根据分配解的有效性可得

$$\varphi_r^{N_0}=\sum_{i\in N}p_{ri}E_i-\sum_{i\in N}\frac{p_{ri}E_i}{2}=\sum_{i\in N}p_{ri}E_i$$

定理 8.2 大联盟是一个吸收态。

证明:考虑一个确定性的联盟形成过程:选择任意一个联盟结构 L,考虑一个联盟 $Z_k(Z_k\in L)$,并且实体零售商属于 Z_k,从命题 8.1 我们知道 $\varphi_r^L<\varphi_r^{N_0}$。这样,$r$ 就有动力从当前的联盟结构 L 中偏离,一步偏离的结果是 r 的收益为 0。进一步考虑下一步的偏离,所有的成员将共同组成大联盟。这样,r 不从原有的联盟结构 L 偏离的收益现值是 $\frac{\varphi_r^L}{1-\delta}$,而 r 从原有的联盟结构偏离的现值为 $\varphi_r^L+\delta\times0+\delta^2\ \frac{\varphi_r^{N_0}}{1-\delta}$,因此存在 $\delta_r^*=\frac{\varphi_r^L}{\varphi_r^{N_0}}<1$。当 $\delta\geqslant\delta_r^*$ 时,大联盟 N_0 是一个吸收态。

根据科尼希和雷的研究,最大一致集一直包含吸收态。因此,有推论 8.1。

推论 8.1 大联盟在最大一致集中。

以下是本书的重点结论。

定理 8.3 大联盟是在所有情形下唯一的远视稳定联盟结构。

证明:假定当前的状态是命题 8.4 描述的情形。因此,任何取得正利润

的联盟都必须包含实体零售商和至少一个网络零售商，并且保持供应大于需求的关系。这样，每个网络零售商在任何包含实体零售商的联盟中获得的收益都是$\frac{p_{ri}E_i}{2}$，这与其在大联盟中获得的收益是一致的。另外，由命题8.4可知，相比于其他联盟，实体零售商严格偏好于大联盟。这样，假定我们要发现一个除大联盟以外的吸收态。如果当前的状态是大联盟，实体零售商的任何偏离活动，都会导致收益现值比不偏离时低。同样，任何网络零售商也将因为各自的偏离活动造成收益现值比不偏离时低。因此，我们不能找到任何一个除大联盟以外的吸收态。从而得知，大联盟是在所有情形下唯一稳定的联盟结构。

8.5 数值算例

以江苏一家家电零售公司 B 销售冰箱 A 的案例为研究对象，构建单实体零售商与多网络零售商的三阶段库存转运竞合模型，调查分析库存转运收益分配的稳定性与激励性协调问题。B 公司原本是一家从事各类家电批发和零售的线下传统流通企业。由于线上新兴企业崛起，2012 年后，B 公司对销售模式进行改进：一方面，仍借助于传统实体零售渠道进行销售（有一个实体零售商）；另一方面，与互联网平台的线上商店合作（有多个网络零售商）。随着市场竞争的加剧，产品需求的不确定性增强，线上渠道由于库存小等原因，经常遇到缺货问题，因此线下实体零售商采用库存转运策略协调。本节考虑 B 公司下单实体零售商 r 与两个网络零售商 1、2，推导其最大一致集与联盟形成均衡过程。不失一般性的假定 $E_1>E_2$。为了方便计算，我们假定 $p_{ri}=r_i-v_r-t_{ri}=1$，这样的简化并不影响我们的分析结果。各成员在大联盟与两人联盟中的夏普利值分别如表 8-1 与表 8-2 所列，不同情形下各成员的偏好顺序如表 8-3 所列。

表 8-1　各成员在大联盟中的夏普利值

情形	φ_1	φ_2	φ_r
$1:H_r\geqslant E_1+E_2$	$\frac{E_1}{2}$	$\frac{E_2}{2}$	$\frac{E_1+E_2}{2}$
$2:E_2\leqslant H_r<E_1+E_2$	$\frac{-2E_1+E_2+2H_r}{6}$	$\frac{E_1-2E_2+2H_r}{6}$	$\frac{E_1+E_2+2H_r}{6}$
$3:E_1\leqslant H_r<E_2$	$\frac{-2E_2+3H_r}{6}$	$\frac{E_2}{6}$	$\frac{E_2+3H_r}{6}$
$4:H_r<E_1$	$\frac{H_r}{6}$	$\frac{H_r}{6}$	$\frac{2H_r}{3}$

表 8-2　各成员在两人联盟中的夏普利值

联盟结构	φ_1	φ_2	φ_r	情形
$\{(1r),2\}$	$\frac{E_1}{2}$	0	$\frac{E_1}{2}$	1,2
	$\frac{H_r}{2}$	0	$\frac{H_r}{2}$	3,4
$\{(2r),1\}$	0	$\frac{E_2}{2}$	$\frac{E_2}{2}$	1,2,3
	0	$\frac{H_r}{2}$	$\frac{H_r}{2}$	4

表 8-3　不同情形下各成员的偏好顺序

情形 1	情形 2 与情形 3	情形 4
$\{(2r),1)\}\prec_1\{(1r),2\}\sim_1\{(12r)\}$	$\{(2r),1)\}\prec_1\{(12r)\}\prec_1\{(12r)\}$	$\{(2r),1)\}\prec_1\{(12r)\}\prec_1\{(1r),2\}$
$\{(1r),1)\}\prec_2\{(2r),1\}\sim_2\{(12r)\}$	$\{(1r),2)\}\prec_2\{(12r)\}\prec_2\{(2r),1\}$	$\{(1r),2)\}\prec_2\{(12r)\}\prec_2\{(2r),1\}$
$\{(2r),1)\}\prec_3\{(1r),2\}\prec_3\{(12r)\}$	$\{(2r),1)\}\prec_3\{(1r),2\}\prec_3\{(12r)\}$	$\{(2r),1)\}\prec_3\{(1r),2\}\prec_3\{(12r)\}$

推论 8.2　在情形 1、2、3 之下，最大一致集$=\{[(12r)],[(1r),2]\}$；在情形 4 下，最大一致集$=\{[(12r)],[(1r),2],[(2r),1]\}$。

可以验证，从近视的观点来看，夏普利值只有在情形 1 时处于核心之中。

而从推论 8.2 可知，在所有情形下，大联盟的夏普利值分配都是远视稳定的。

虽然最大一致集描述了联盟的远视稳定结构，但其一个较大的缺点是解的集合过大，无法判断最大一致集中哪一种结果是最可能的。考虑时间价值的联盟形成均衡过程是最大一致集的子集，可以将联盟形成均衡过程看成是对最大一致集的精练，用于判断最大一致集中哪一种结果是最稳定的。于是，有下述推论。

推论 8.3　在情形 1 下，大联盟$\{(12r)\}$是唯一的吸收态。在情形 2、情形 3 和情形 4 下，吸收态与最大一致集一致。

推论 8.2 证明：先考虑情形 1。

假定当前的联盟结构为大联盟。考虑如下的偏离过程：

$$\{(12r)\}\rightarrow_S\{(1r),1\}\rightarrow_r\{1,2,r\}\rightarrow_{1,2,r}\{(12r)\}$$

其中，$S=\{2\}$，或者 $S=\{1,r\}$。

根据远视稳定性的概念，$m=r,S_1=\{r\},S_2=\{1,2,r\},L_1=V=\{(1r),2\}$，$L_2=\{1,2,r\}$并且 $L_3=L=B=\{(12r)\}$。易知，$V\prec_{S_1}B,L_2\prec_{S_2}B$，因此 $V\ll B$，且 $L/\prec B$。这样，由 $S=\{2\}$或者 $S=\{1,r\}$的偏离便被阻止。同理，由 $S=\{1\}$或者 $S=\{2,r\}$的偏离也被阻止了。因此，大联盟属于最大一致集。

考虑联盟结构$\{(2r),1\}$，考虑一个偏离$\{(2r),1\}\rightarrow_{1,r}\{(1r),2\}$，考虑到$\{(2r),1\}\prec_{1,r}\{(1r),2\}$(8-8)，因此，联盟结构$\{(1r),2\}$要属于最大一致集仅当能找到一个联盟结构 B 满足：

$$\{(1r),2\}\ll B \tag{8-9}$$

$$\{(2r),1\}/\prec_{1,r}B \tag{8-10}$$

根据已知条件得：式(8-8)中的 $B=\{(1r),2\}$或者 $B=\{(12r)\}$不能成立，式(8-9)中的 $B=\{(1r),2\}$不能成立。因此，联盟结构$\{(2r),1\}$不属于最大一致集。

考虑联盟结构$\{(1r),2\}$，偏离过程如下：

$$\{(1r),2\}\rightarrow_{2,r}\{(2r),1\}\rightarrow_{1,r}\{(1r),2\}$$

因为$\{(1r),2\}/\prec_{2,r}\{(1r),2\}$且$\{(2r),1\}\prec_{1,r}\{(1r),2\}$，所以，$(1r)$的偏离被阻止。

下面考虑所有的成员偏离成大联盟，$V=\{(12r)\}$。考虑到$\{(1r),2\}-1\{(12r)\}$，所以$\{(1r),2\}/\prec_{1,2,r}\{(12r)\}$。这样，我们应用$V=B\in$最大一致集，所有的成员偏离成大联盟的行动被阻止了。因此，联盟结构$\{(1r),2\}$属于最大一致集。

同理可证情形2、情形3和情形4。

推论8.3证明：先考虑情形1。假定联盟结构$\{(1r),2\}$是一个吸收态，我们需要构建一个确定性的联盟形成均衡过程。考虑到$\varphi_1^{\{(1r),2\}}=\varphi_1^{\{(12r)\}}$且$\varphi_2^{\{(1r),2\}}<\varphi_2^{\{(12r)\}}$，$\varphi_r^{\{(1r),2\}}<\varphi_r^{\{(12r)\}}$，因此只有成员1有动力偏离大联盟。成员1偏离的第一阶段的收益为0，因此其偏离的各期收益现值将一直低于其留在大联盟中的现值。因此，联盟结构$\{(1r),2\}$不是一个吸收态。

下面证明联盟结构$\{(12r)\}$是一个吸收态。定义一个确定性的联盟形成过程ψ如下：成员r从任意一个两人联盟中偏离，在剩下的联盟中所有的成员形成大联盟。

$$L\rightarrow_r\{1,2,r\},\quad L=\{(2r),1\},\{(1r),2\}$$

$$L\rightarrow_{1,2,r}\{(12r)\},\quad L\text{ 为其他联盟}$$

假定$\{(2r),1\}$中r进行偏离，不偏离的现值为$\dfrac{E_2}{2(1-\delta)}$，而偏离的现值为$\dfrac{E_2}{2}+\delta\times 0+\delta^2\ \dfrac{E_1+E_2}{2(1-\delta)}$。如果$\delta\geqslant\dfrac{E_2}{E_1+E_2}$，则成员$r$有动力进行偏离。同理可证当$\{(1r),2\}$中的$r$进行偏离时，大联盟是一个吸收态。

再考虑情形2。假定联盟结构$\{(1r),2\}$是一个吸收态，我们需要构建一个确定性的联盟形成均衡过程。定义一个确定性的联盟形成过程ψ如下：

$$\{(12r)\}\rightarrow_1\{(2r),1\}$$

$$L\rightarrow_{1,r}\{(1r),2\},\quad L\neq\{(12r)\}$$

如果成员1留在大联盟中，则其现值为$\dfrac{-2E_1+E_2+2H_r}{6(1-\delta)}$；如果成员1从大联盟中偏离，则其现值为$\dfrac{-2E_1+E_2+2H_r}{6}+\delta\times 0+\delta^2\ \dfrac{E_1}{2(1-\delta)}$。

因此，如果$\delta \geqslant \frac{-2E_1+E_2+2H_r}{3E_1}$，则成员 r 有动力偏离。从而得知，联盟结构$\{(1r),2\}$是一个吸收态。

下面证明联盟结构$\{(12r)\}$是一个吸收态。定义一个确定性的联盟形成过程 ψ 如下：

$$L \rightarrow_r \{1,2,r\}, \quad L=\{(2r),1\},\{(1r),2\}$$

$$L \rightarrow_{1,2,r} \{(12r)\}, \quad L \text{ 为其他联盟}$$

考虑联盟结构$\{(1r),2\}$，如果参与者 r 不偏离，则其现值为$\frac{E_1}{2(1-\delta)}$。如果参与者 r 偏离，则其现值为$\frac{E_1}{2}+\delta\times 0+\delta^2 \frac{E_1+E_2+2H_r}{6(1-\delta)}$。

因此，只要满足 $\delta > \frac{3E_1}{E_1+E_2+2H_r}$，参与者 r 就有动力偏离。

推理 8.3 得证。

8.6 本章小结

本章构建了单实体零售商与多网络零售商的三阶段库存转运竞合模型，研究了夏普利值分配规则的远视稳定性。

(1) 构建了单实体零售商与多网络零售商的三阶段库存转运竞合模型。第一阶段，需求实现之前，零售商独立订货；第二阶段，需求实现之后，零售商决定共享库存的数量；第三阶段，合作转运，库存转运的利润被分配。前两个阶段是竞争性的，依赖于第三阶段的利润分配规则。

(2) 指出一个理想的分配规则应能实现库存转运利润最大化的目标。这需要满足两个条件：① 保证所有零售商的参与；② 激励零售商共享所有的剩余库存。证明了从近视的观点来看，核心分配规则虽能保证所有的成员都参与大联盟，但是不满足联盟单调性，将导致总转运利润的降低；夏普利值虽然满足联盟单调性，但是其可能不是核心解，将导致大联盟的不稳定。因此,无论是选择核心分配规则还是夏普利值分配规则,都需要签订额外的强制协议以保证库存转运产生的利润最大化。

(3) 研究了夏普利值分配规则的远视稳定性。证明了大联盟的夏普利值分配是远视稳定的,从而得知,夏普利值分配是一个理想的分配规则。同时,进行了数值分析,验证了夏普利值分配的远视稳定性。

9 结论和展望

9.1 研究结论

无论是在过去、现在，还是未来，成本分配问题一直都是学界争议的焦点之一。本书首先拓展了狭义的成本分配概念，将成本分配问题扩展为供给决策与分配决策两种类型。然后，以不确定环境下库存联盟为研究对象、以成本分配为视角，提出了基于稳定性与激励性及其制衡的供应链库存联盟成本分配机制。最后，构建了几种不同形式的库存合作联盟，验证了不同成本分配方法满足稳定性与激励性的性质。

研究结论如下：

(1) 拓展了成本分配的概念。本书提出了一种广义的成本分配概念，将成本分配区分为事前的供给决策和事后的分配决策两种类型。传统狭义的成本分配指的是静态的、单阶段的分配过程，是把分配活动作为生产活动的终点来对待的，主要研究“蛋糕”是如何分割的；而事实上，成本分配是动态的、多阶段的过程，它不仅是生产活动的终点，更是起点，主要研究“分蛋糕”对于“造蛋糕”的影响问题。

(2) 提出了基于稳定性与激励性及其制衡的供应链联盟成本分配机制。从成本分配作为终点出发，本书以合作博弈论为基础，提出了供应链联盟成本分配稳定性的研究视角，指出了稳定性的内在含义，并将静态稳定性与动态稳定性加以对比分析。从成本分配作为起点出发，本书以非合作博弈的机制设计理论为依据，总结出成本分配的激励性研究视角，指出了激励性的内在含义及其特征。

(3) 研究了最低服务水平约束下零售商合作联盟成本分配的稳定性。首先，证明了实际需求实现之后，存在对零售商库存合作联盟总订货量的最优重新分配方案，可使零售商库存合作联盟的利润达到最大；然后，分析了零售商库存合作联盟存在最优的订货向量；最后，证明了零售商库存联盟合作博弈是完全平衡的，从而得知零售商库存合作联盟的核心非空，即存在某种分配方法可以保证大联盟是稳定的。

(4) 分析了双渠道下库存转运联盟协调机制，研究了成本分配的激励性。本书以利润分配机制为逻辑起点，研究与设计了分散决策下双渠道库存转运协调机制，构建了双渠道库存转运模型，分析了集中决策与分散决策情形下的订货决策与利润，并通过对集中决策的利润合理分配来协调双渠道供应链，证明了事后的利润分配方法可以决定事前的转运价格，从而使分散决策的双渠道供应链达到集中决策时的订货量与利润水平，实现供应链协调。

(5) 构建了多零售商库存转运的两阶段竞合模型，研究了稳定与激励制衡的成本分配机制。首先，构建了零售商库存转运的两阶段竞合模型，需求实现前，零售商需独立订货；需求实现后，零售商进行合作转运，并对转运的利润进行分配。然后，指出对偶分配方法是核心分配方法，可以促使第二阶段的转运利润最大，同时指出其并不能导致第一阶段的供应链协调。最后，在对偶分配机制的基础上，构建了既属于核心又能导致供应链协调的利益分配机制。

(6) 构建了单实体零售商与多网络零售商的三阶段库存转运竞合模型，研究了远视稳定与激励制衡的成本分配机制。针对电子商务快速发展的现状，本书分析了互联网环境下的三阶段库存转运竞合模型，指出一个理想的分配规则应能实现库存转运利润最大化的目标。然而，从近视的观点来看，没有任何一种分配规则既处于核心之中，又同时满足联盟单调性，从而实现库存转运利润最大化的目标。因此，在指出夏普利值分配方法满足激励性之后，重点分析夏普利值的远视稳定性。

9.2 研究展望

本书研究了基于稳定性与激励性及其制衡的供应链联盟成本分配机制，构建几种不同形式的供应链合作联盟，验证了不同成本分配方法满足稳定性与激励性的性质，以下几个方面还有待进一步研究。

（1）本书是在假定博弈者能够方便地交流信息并按各自的意愿单独或共同加入或退出各种联盟，即博弈各方处于信息完全对称的状况下进行的研究。而事实上，现实中的企业由于认知的限制往往具有有限理性，很难在一次事件中找到最优策略，而要通过一定程度的学习和模仿，不断改进自身策略，以提高自身的环境适应性。正如非合作博弈中信息不对称会带来不同的均衡一样，信息不对称情况下的联盟稳定性研究可能会有完全不同的结论。因此，在未来的研究中，考虑信息不对称情况下的供应链联盟成本分配与契约设计具有重要价值。

（2）本书的研究暂未考虑低碳供应链联盟成本分配与契约协调方面的问题。而事实上，气候变化、全球变暖、碳足迹已成为当今各国政府和公众关注度极高的焦点问题，构建低碳供应链是企业未来的发展之路。因此，对低碳供应链的成本分配和契约问题进行深入总结和研究具有重要的意义，同时也是对本书的有益完善和扩充。

（3）本书的供应链合作联盟仅仅涉及横向、纵向两级和纵向三级这三种较为简单的情况，而实践中的供应链合作形式更加复杂，对于混合联盟以及考虑零售商网络结构的这类供应链联盟的研究是非常值得拓展的。

参考文献

[1] HUMMELS D, ISHII J, YI KMY. The nature and srowth of vertical specialization in world trade[J]. Journal of international economics, 2001,54(1):75-96.

[2] HARTMANN B C, DROR M. Cost allocation in continuous-review inventory models[J]. Naval research logistics,1996,43(4):549-561.

[3] BRANDENBURGER A M, NALEBUFF B J. Coopetition: a revolutionary mindset that combines competition and cooperation in the marketplace [M]. Boston: Harvard Business School Press,1996.

[4] BENGTSSON M, KOCK S. Coopetition in business networks: to cooperate and compete simultaneously[J]. Industrial marketing management, 2000,29(4):411-426.

[5] PADULA G, DAGNINO G B. Untangling the rise of coopetition: the intrusion of competition in a cooperative game structure[J]. International studies of management and organization,2007,37(1):32-53.

[6] BRANDENBURGER A, STUART H. Biform games[J]. Management science,2007,53(4):537-549.

[7] POWELL W W. Neither market nor hierarchy: network forms of organization[J]. Research in organizational behavior,1990,12:295-336.

[8] VON SYDOW J. On the management of strategic networks. Regional

development and contemporary industrial response: extending flexible specialization[M]. London: Belhaven Press, 1992.

[9] Ronan McIvor, Marie McHugh. Partnership sourcing: an organization change management perspective[J]. Journal of supply chain management, 2000, 36(03): 12-31.

[10] PERRY M, SOHAL A S, RUMPF P. Quick response supply chain alliances in the Australian textiles, clothing and footwear industry[J]. International journal of production economics, 1999, 62(98): 119-132.

[11] HOLWEG M, DISNEY S, HOLMSTROM J, ET AL. Supply chain collaboration: making sense of the strategy continuum[J]. European management journal, 2005, 23(6): 170-181.

[12] 马士华，林勇，陈志祥. 供应链管理[M]. 北京：机械工业出版社，2000.

[13] 张永强. 西方国家供应链联盟演变历程及对中国的启示[J]. 南开管理评论，2001(4)：73-77.

[14] 马祖军，武振业. 供应链联盟：21 世纪企业合作的主流[J]. 经济体制改革，2002(6)：52-55.

[15] 卢洁. 供应链联盟在我国的发展[J]. 经济论坛，2004(3)：68-69.

[16] RAMASESHAN B, PUAY CHOON LOO. Factors affecting a partner's perceived effectiveness of strategic business alliance: some singaporean evidence[J]. International business review, 1998, 7(98): 443-458.

[17] 迈克尔·迪特里希. 交易成本经济学：关于公司的新的经济意义[M]. 王铁生，葛立成，译. 北京：经济科学出版社，1999.

[18] LEWIS J G, NAIM M M. Benchmarking of aftermarket supply chain[J]. Production planning and control, 1995, 6(3): 258-269.

[19] NARAYANAN S, JAYARAMAN S. A knowledge-based decision support system for apparel enterprise evaluation[M]. Manufacturing Decision Support Systems. Springer US, 1997: 67-110.

[20] ARI AMADHI T M A, HOANG K. Partners selection in a shared-CIM

system[J]. International journal of computer integrated manufacturing, 1998,11(2):173-182.

[21] 赵昌平,葛卫华. 战略联盟中的机会主义及其防御策略[J]. 科学学与科学技术管理,2003(10):114-117.

[22] 邱灿华,周文泳. 基于供应链联盟的企业联盟能力分析[J]. 厦门大学学报(自然科学版),2003,42(10):1-5.

[23] 桂良军. 供应链合作伙伴选择方法:灰色关联分析法(GRA)[J]. 山东工商学院学报,2004,5(5):104.

[24] HARRIS F W. Operations and cost (Factory management service) [M]. Chicago:Shaw,1915.

[25] CLARK A J,SCARF H. Optimal policies for a multi echelon inventory problem[J]. Management science,1960(6):475-490.

[26] PASTERNACK B A. Optimal pricing and returns policies for perishable commodities[J]. Marketing science,1985(4):166-176.

[27] CACHON G P. Supply chain coordination with contracts[J]. Handbooks in operations research & management science,2003,11(3):227-339.

[28] SPENGLER J. Vertical integration and antitrust policy[J]. Journal of political economy,1950,58(4):347-352.

[29] MARVEL H, PECK J. Demand uncertainty and returns policies[J]. International economic review,1995,36(3):691-714.

[30] CHEN F,FEDERGRUEN A,ZHENG Y. Coordination mechanisms for decentralized distribution systems with one supplier and multiple retailers[J]. Management science,2001,47(5):693-708.

[31] ANUPINDI R,BASSOK Y. Centralization of stocks: retailers vs. manufacturer[J]. Management science,1999,45(2):178-191.

[32] DONG L,RUDI N. Who benefits from transshipment? Exogenous vs. endogenous wholesale prices[J]. Management science,2004,5(50):645-657.

[33] SEIFERT R W,THONEMANN U W,SIEKE M A. Integrating direct

and indirect sales channels under decentralized decision-making[J]. International journal of production economics,2006,103(1):209-229.

[34] PADMANABHAN V,PNG I P L. Returns policies:make money by making good[J]. Sloan management review,1995,37(1):65-72.

[35] PADMANABHAN V,Png I P L. Manufacturer's return policies and retail competition[J]. Marketing science,1997,16(1):81-94.

[36] MANTRALA M K,RAMAN K. Demand uncertainty and supplier's returns policies for a multi-store style-good retailer[J]. European journal of operational research,1999,115(3):270-284.

[37] TAYLOR T A. Channel coordination under price protection,midlife returns, and end-of-life returns in dynamic markets[J]. Management science,2001, 47(9):1220-1234.

[38] TAMER BOYACI. Competitive stocking and coordination in a multiple-channel distribution system[J]. Iie transactions,2005,37(5):407-427.

[39] 徐最,朱道立,朱文贵. 销售努力水平影响需求情况下的供应链回购契约[J]. 系统工程理论与实践,2008,28(4):1-11.

[40] DANA J,SPIER K. Revenue sharing and vertical control in the video rental industry[J]. The journal of industrial economics,2001,49(3):223-245.

[41] GIANNOCCARO I,PONTRANDOLFO P. Supply chain coordination by revenue sharing contracts[J]. International journal of production economics,2004,89(2):131-139.

[42] GERCHAK Y,WANG Y. Revenue-sharing vs. wholesale-price contracts in assembly systems with random demand[J]. Production & operations management,2004,13(1):23-33.

[43] CACHON G,LARIVIERE M. Supply chain coordination with revenue-sharing contracts:Strengths and limitations[J]. Management science, 2005,51(1):30-44.

[44] GENG Q,MALLIK S. Inventory competition and allocation in a multi-channel distribution system[J]. European journal of operational research, 2007,182(2):704-729.

[45] MORTIMER J H. Vertical contracts in the video rental industry[J]. Review of economic studies,2008,75(1):165-199.

[46] YAO Z,LEUNG S,LAI K. Manufacturer' s revenue-sharing contract and retail competition[J]. European journal of operational research, 2008,186(2):637-651.

[47] LINH C,HONG Y. Channel coordination through a revenue sharing contract in a two-period newsboy problem[J]. European journal of operational research,2009,198(3):822-829.

[48] TSAY A A. The quantity flexibility contract and supplier-customer incentives[J]. Management science,1999,45:1399-1358.

[49] CHOPRA S,MEINDL P. Supply chain management[M]. Prentice Hall Press,2001.

[50] SIGNORELLI,HESKETT J L. Benetton(A),Harvard Business School Case 9-685-0141[M]. TN:Harvard Business School Press,1984.

[51] LARIVIERE M A. Supply chain contracting and coordination with stochastic demand, quantitative models for supply chain management [M]. Kluwer Academic Publishers,Boston,1999:233-268.

[52] TSAY A A,LOVEJOY W S. Quantity flexibility contracts and supply chain performance[J]. Manufacturing and service operations management, 1999,1(2):89-111.

[53] PLAMBECK E,TALOY T. Sell the plant? The impact of contract manufacturing on innovation, capacity and profitability[J]. Management science,2002(51):133-150.

[54] GERCHAK Y,GUPTA D. On apportioning costs to customers in centralized continuous review systems[J]. Journal of operations management,1991(10):

546-551.

[55] ROBINSON L. A comment on gerchak and guptas "on apportioning costs to customers in centralized continuous review systems"[J]. Journal of operations management, 1993, 11:99-102.

[56] RAGHUNATHAN S. Impact of demand correlation in the value of and incentives for information sharing in a supply chain[J]. European journal of operational research, 2003, 146(1):634-649.

[57] REINHARDT G, DADA M. Allocating the gains from resource pooling with the shapley value[J]. Journal of the operational research society, 2005, 56(8):997-1000.

[58] KEMAHLIOGLU Z E. Formal methods of value sharing in supply chains[D]. School of Industries and Systems Engineering, Georgia Institute of Technology, 2004.

[59] LENG M, PARLAR M. Allocation of cost savings in a three-level supply chain with demand information sharing: A cooperative-game approach[J]. Operations research, 2009, 57(1):200-213.

[60] FRISK M, GOHE-LUNDGREN M, JONSTEN K, ET AL. Cost allocation in collaborative forest transportation[J]. European journal of operational research, 2010(2):448-458.

[61] LOZANO S, MORENO P, ADENSO-DIAZ B, ET AL. Cooperative game theory approach to allocating benefits of horizontal cooperation[J]. European journal of operational research, 2013(2):444-452.

[62] 叶飞. 虚拟企业利益分配新方法研究[J]. 工业工程与管理, 2003(6):44-46.

[63] 刘智全, 冯英浚. 供应链企业间利益分配问题研究[J]. 学术交流, 2006(4):77-80.

[64] 戴建华, 薛恒新. 基于 Shapley 值法的动态联盟伙伴企业利益分配策略[J]. 中国管理科学, 2004, 4(12):33-36.

[65] MECA A,TIMMER J,GARCIA-JURADO I,ET AL. Inventory games[J]. European journal of operational research,2004,156(2):127-139.

[66] MECA A,GARCIA-JURADO I,BORM P. Cooperation and competition in inventory games[J]. Mathematical methods of operations research, 2003,57(3):481-493.

[67] MECA A,GUARDIOLA L,TOLEDO A. P-additive games:A class of totally balanced games arising from inventory situations with temporary discounts[J]. TOP,2007,15(2):322-340.

[68] FEDERGRUEN A,ZHENG Y. The joint replenishment problem with general joint cost structures[J]. Operations research,1992,40(2):384-403.

[69] ANILY S,HAVIV M. The cost allocation problem for the first order interaction joint replenishment model[J]. Operations research,2007,55(2): 292-302.

[70] ZHANG J. Cost allocation for joint replenishment models[J]. Operations research,2009,57(4):146-156.

[71] DROR M,HARTMAN B C. Shipment consolidation:Who pays for it and how much? [J]. Management science,2007,53(1):78-87.

[72] FIESTRAS-JANEIROMG,GARCIA-JURADO I,MECA A,ET AL. Cost allocation in inventory transportation systems[J]. TOP,2012,20(2): 397-410.

[73] BERNSTEIN F,KOK G,MECA A. Cooperation in assembly systems: The role of knowledge sharing[J]. European journal of operational research,2015,240(1):160-171.

[74] 冯海荣,李军,曾银莲. 易腐品供应链企业联合采购决策与费用分配研究[J]. 系统科学与数学,2011,31(11):1454-1466.

[75] 冯海荣,李军,曾银莲. 延期支付下的易腐品联合采购费用分配[J]. 系统工程理论与实践,2013,33(6):1411-1423.

[76] 肖旦,周永务,汤勤深. 考虑次品率的零售商库存联盟订货量与稳定性

分析[J]. 工业工程,2013,16(3):32-37.

[77] 何龙飞,吕海利,赵道致,等. 创新型产品供应网络运营最优控制与清晰联盟博弈协调[J]. 计算机集成制造系统,2013,19(5):1092-1104.

[78] GUARDIOLA L,MECA A,PUERTO J. Production-inventory games: A new class of totally balanced combinatorial optimization games[J]. Games and economic behavior,2009,65(1):205-219.

[79] VAN DEN HEUVEL W,BORM P,HAMERS H. Economic lot-sizing games[J]. European journal of operational research, 2007, 176 (5): 1117-1130.

[80] CHEN X,ZHANG J. Duality approaches to economic lot-sizing games[J]. Production and operations management,2016,25(7):1203-1215.

[81] HARTMAN B C,DROR M,SHAKED M. Cores of inventory centralization games[J]. Games and economic behavior,2000,31(1):26-49.

[82] MULLER A, SCARSINI M, SHAKED M. The newsvendor game has a nonempty core[J]. Games and economic behavior,2002,38(2):118-126.

[83] SLIKKER M,FRANSOO J,WOUTERS M. Cooperation between multiple newsvendors with transshipments[J]. European journal of operational research,2005,167(2):370-380.

[84] KLIJN F,SLIKKER M. Distribution center consolidation games[J]. Operations research letters,2005,33(3):285-288.

[85] OZEN U, FRANSOO J, NORDE H, ET AL. Cooperation between multiple newsvendors with warehouses[J]. Manufacturing and service operations management,2008,10(2):311-324.

[86] OZEN U,SOSIC G,SLIKKER M. A collaborative decentralized distribution system with demand forecast updates[J]. European journal of operational research,2012,216(3):573-583.

[87] OZENU, NORDE H, SLIKKER M, ET AL. On the convexity of newsvendor games[J]. International journal of production economics,

2005,133(1):35-42.
[88] CHEN X. Inventory centralization games with price-dependent demand and quantity discount[J]. Operations research,2009,57(6):1394-1406.
[89] HARTMAN B C,DROR M. Allocation of gains from inventory centralization in newsvendor environments[J]. IIE transactions,2005,37(2):93-107.
[90] CHWE M S Y. Farsighted coalitional stability[J]. Journal of economic theory,1994,63(3):299-325.
[91] MAULEON A,VANNETELBOSCH V. Farsightedness and Cautiousness in coalition formation games with positive spillovers[J]. Theory & decision,2004,56(3):291-324.
[92] KONISHI H,RAY D. Coalition formation as a dynamic process[J]. Journal of economic theory,2003,110(1):1-41.
[93] GRANOT D,SOSIC G. Formation of alliances in internet-based supply exchanges[J]. Management science,2005,51(1):92-105.
[94] NAGARAJAN M,SOSIC G. Stable farsighted coalitions in competitive markets[J]. Management science,2007,53(2):29-45.
[95] SOSIC G. Stability of Information-sharing alliances in a three-level supply chain[J]. Ssrn electronic journal,2011,57(3):279-295.
[96] SOSIC G. Transshipment of inventories among retailers:Myopic vs. farsighted stability[J]. Management science,2006,52(10):1493-1508.
[97] LI T T,CHEN J L. Alliance formation in assembly systems with quality improvement incentives[J]. European journal of operational research,2020,285(3):931-940.
[98] 郑士源,王浣尘.基于动态合作博弈理论的航空联盟稳定性[J].系统工程理论与实践,2009,29(4):184-192.
[99] 周永务,肖旦,汤勤深,等.分销供应链中竞争零售商联盟的稳定性[J].运筹与管理,2013,22(4):50-59.
[100] 郑士源.基于动态稳定性的运输联盟成本分摊规则[J].上海交通大学

学报,2013,47(3):500-504.

[101] YOUNG HP. Cost allocation: methods, principles, applications[C]. Amsterdam Elseviers Science Publishing Company Inc,1994.

[102] SH TIJS,TSH DRIESSEN. Game theory and cost allocation problems[J]. Management science,1986,32(8):1015-1028.

[103] SCHOTANU F,TELGEN J,DE BOER L. Unfair allocation of gains under the equal price allocation method in purchasing groups[J]. European journal of operational research,2008,187(1):162-176.

[104] 刘迎,刘志学,全春光,等.高校后勤采购联盟联合采购模型与利益分配[J].系统工程,2008,26(10):26-31.

[105] 郑立群,吴育华,夏庆.同质成本分配模型的公理体系及分配方法研究[J].天津大学学报,2001,34(5):591-595.

[106] 郑立群,李瑞函,吴育华.异质成本分配模型的公理体系及分配方法[J].管理科学学报,2003,6(6):15-20.

[107] MECA A,TIMMER J,GARCIA-JURADO I,ET AL. Inventory games[J]. European journal of operational research,2004,156(1):127-139.

[108] MECA A,GARCIA-JURADO I,BORM E. Cooperation and competition in inventory games[J]. Mathematical methods of operational research, 2003,57(3):481-493.

[109] OZEN U, ERKIP N, SLIKKER M. Stability and monotonicity in newsvendor situations[J]. European journal of operational research, 2012,218(2):416-425.

[110] DIAW K. Cost Allocation as a coordination mechanism[R]. Discussion Paper,2003(128):1-25.

[111] Hezarkhani B,Kubiak W. A coordinating contract for transshipment in a two-company supply chain[J]. European journal of operational research, 2010,207(1):232-237.

[112] 李卫红,陈圻,王强.基于NASH谈判模型的上下游企业R&D合作与

协调机制研究[J]. 管理工程学报,2012,26(2):65-71.
[113] 叶飞,李怡娜. 基于 Stackelberg 模型与 Nash 协商模型的供应链回购契约机制研究[J]. 管理工程学报,2007,21(3):39-43.
[114] 公彦德,李帮义,刘涛. 基于 Shapley 值和相同利润增长率的供应链协调策略[J]. 系统管理学报,2009,18(1):61-66.
[115] 张成堂,武东,周永务. 联盟博弈下基于 Shapley 值法的三层供应链协调机制[J]. 工程数学学报,2011,28(6):763-770.
[116] 林强,叶飞."公司+农户"型订单农业供应链的 Nash 协商模型[J]. 系统工程理论与实践,2014,34(7):1769-1778.
[117] 叶飞. 基于不对称 Nash 协商模型的供应链协作激励机制研究[J]. 工业工程与管理,2005(2):106-109.
[118] 李榆,吴军,冯艳刚. 基于协商模型的电信增值服务供应链研究[J]. 系统工程学报,2014,29(6):824-831.
[119] 彭伟真. 基于 shapley 值法的供应链收益共享契约研究[J]. 统计与决策,2012(17):52-56.
[120] 孟卫东,代建生,熊维勤,等. 基于纳什谈判的供应商:销售商联合促销线性合约设计[J]. 系统工程理论与实践,2013,33(4):870-877.
[121] ANUPINDI R,BASSOK Y,ZEMEL E. A general framework for the study of decentralized distribution systems[J]. Manufacturing services & operations management,2001,3(4):349-368.
[122] GRANOT D,SOSIC G. A three-stage model for a decentralized distribution system of retailers[J]. Operations research,2003,51(5):771-784.
[123] PLAMBECK E L,TAYLOR T A. Sell the plant? The impact of contract manufacturing on innovation, capacity, and profitability[J]. Management science,2005,51(1):133-150.
[124] PLAMBECK E L,TAYLOR T A. Implications of renegotiation for optimal contract flexibility and investment[J]. Management science,2007,53(12):1872-1886.

[125] STUART H W. Biform analysis of inventory competition[J]. Manufacturing & service operations management,2005,7(4):347-359.

[126] CHOD J,RUDI N. Strategic investments,trading,and pricing under forecast updating[J]. Management science,2006,52(12):1913-1929.

[127] 鲁馨蔓,王君,姚松,等. 基于竞合博弈的云服务供应链合作与技术创新决策[J]. 软科学,2018,32(11):39-44.

[128] 肖旦,周永务,范丽繁,等. 改良技术共享下改良品联合采购联盟的竞合博弈研究[J]. 中国管理科学,2019,27(2):129-137.

[129] 于晓辉,李敏,叶兆兴. 基于竞合博弈节能补贴对双渠道低碳供应链决策影响分析[J]. 模糊系统与数学,2021,35(2):153-166.

[130] 孙东川,叶飞. 动态联盟利益分配的谈判模型研究[J]. 科研管理,2001,22(2):91-95.

[131] Harsanyi J C,Selten R. A generalized nash bargaining solution for two-person bargaininggames with incomplete information[J]. Management science,1972,18(5):80-106.

[132] 孙敬水,叶晓佳. 分配公平、经济效率与社会稳定的协调性研究:一个文献述评[J]. 财贸研究,2013,24(2):60-68.

[133] RUDI N,PYKE D F. A two-location inventory model with transshipment and local decision making[J]. Management science,2001,47(12):1668-1680.

[134] EPPEN G D. Effects of centralization on expected costs in a multi-location newsboy problem[J]. Management science,1979,25(5):498-501.

[135] PARLAR M. Game theoretic analysis of the substitutable product inventory problem with random demands[J]. Naval research logistics,1988,35(3):397-409.

[136] HUANG X,SOSIC G. Repeated newsvendor game with transshipments under dual allocations[J]. European journal of operational research,

2010,204(2):274-284.

[137] YOUNG H P. Monotonic solutions of cooperative games[J]. International journal of game theory,1985,14(2):65-72.